野球と人生

最後に笑う「努力」の極意

野村克也

青春新書
INTELLIGENCE

はじめに――私が野球から学んだ一番大切なこと

中学2年で本格的に野球を始め、高校卒業と同時にテスト生としてプロ野球の世界に入って65年以上が過ぎた。そんな長きにわたる野球人生の中でも、とりわけ「いい経験をさせてもらった」と感じていることがある。

それは、社会人野球チーム・シダックスの監督をさせてもらったことだ。

2002年10月、シダックスの志太勤会長から直々に要請を受けて、監督（兼GM）に就任した。それから05年までの3シーズン、監督として指揮をとり、03年には低迷していたチームを都市対抗野球大会で準優勝にまで導くことができた。

ただし、「いい経験」というのは、準優勝したことではない。

アマチュア野球に触れて、プロ野球を、ひいては野球と人生をあらためて考え直す、いいきっかけを与えてもらったことだ。

シダックスの監督時代、オープン戦や練習試合で遠征に行くと、試合前に相手チームに呼ばれて別室に通されることがよくあった。そこでお茶をご馳走になりながら、相手監督やコーチ、選手らから〝野球の質問攻め〟を受けるのだ。

「こんなケースでは、どういうプレーを選択したらいいのか」「この戦術はどのタイミングで仕掛けたらいいのか」「もっと速い球を投げるには」「もっと遠くに飛ばすには」「もっと野球がうまくなるには」……監督としては試合前に自チームの練習を見ておきたいのだが、それもままならないほどの熱心な質問攻めである。

アマチュアの人たちの野球に対する思い、謙虚さ、ひたむきな向上心がそこにあった。

南海（現・福岡ソフトバンクホークス）・ロッテ・西武の現役時代、また、ヤクルト・阪神・その後の楽天時代を通じて、プロ野球の世界で、あれほどの質問攻めにあった記憶がない。技術的に見ればプロはアマチュアよりはるかにレベルが上だが、野球に対する謙虚さ、熱心さでは負けているのではないか。プロ野球選手になるというのは、本来、出発点であるはずなのに、それが到達点になってしまっている選手が少なくないのではないか。そう思わずにはいられない。

せっかく才能にあふれ、あこがれのプロ野球選手になれたのに、その才能を発揮することなく辞めていく選手が多いのは、そこに大きな要因の一端があるだろう。

私は京都の片田舎で育ち、甲子園には縁遠い弱小野球部の出身だ。そんな中で、プロ野球選手になることを夢見て、キャッチャーが手薄な南海の入団テストを受けて、プロの世界にギリギリで滑り込んだ。

そんな底辺からのプロ野球人生のスタートだったから、生き残るために歯を食いしばり、必死に頭を使い、懸命に体を動かした。

その結果、曲がりなりにも甲子園や六大学出身の花形スター選手たちにも負けない実績を残すことができた。それは取りもなおさず、自分が才能にあふれた人間ではなかったからだ。才能がないという自覚があったからこそ、さらなる上を目指して、努力し続けることができた。そうしなければ生き残れない世界でもあった。

野球というのは奥が深い。弱者が強者に勝つことができるスポーツでもある。頭の使いかた、努力のしかた次第では、才能がなくても天才に勝てる。二流でも一流を超えられる。それを実証してみせられたのではないかというのが、65年超のプロ野球人生を振り返っての私のささやかな自負である。

そして、その土台にあるのは、自分をよく知り、自分に足りないものを見極め、そのために何をすればいいかを求め続ける「正しい努力」であろう。

この本は、そんな私が辿《たど》ってきた軌跡、考えて実践してきたことの数々を、これまでの拙著の中から抜き出し、体系的にまとめ直したものである。いわば野村イズムの集大成の一冊だ。

「正しい努力」はけっして裏切らない。そのことによって最後に笑えるのは、野球も人生も同じ。それを読者の皆さんにも感じ取ってもらえたら望外の幸せである。

2019年10月

野村克也

野球と人生　最後に笑う「努力」の極意

目次

第2章 当たり前のことを当たり前にできる人間であれ〈真のプロフェッショナル論〉

第3章 高く飛びたかったら、深くかがめ〈報われる努力論〉

第4章　リーダーとは嫌われる勇気〈人を伸ばすリーダーシップ論〉

第1章

頭を使った二流は一流に勝てる

〈野村流・戦略的人生論〉

私は「二流」からのスタートだった

私はテスト生として、南海ホークスというチームの端っこにぎりぎりひっかかるように入った人間だ。誰より努力しなければすぐにふるい落とされる。そんな思いでひとり必死に練習を重ねた。（中略）

相手選手のデータを集めて分析し、配球を研究することで、プロのグラウンドにぎりぎりしがみついた。

――『番狂わせの起こし方』

入団テストでは、投げる、守る、走ると部門別にテストがあり、私は肩が弱かった。ほかの受験生が一投目で合格ラインをクリアできても、私はクリアできなかった。2投目を投げる前、テストを手伝いにきていた1年上の先輩選手が「前に行け」とささやいてくれて、本来のスタートラインより5ｍも前から投げて、ようやく合格ラインをクリアできた。私はその程度の選手だったのです。

――『週刊現代』２０１５年4月18日号

自分が活きる「場所」を探す

実は、小さいころから熱烈な巨人ファンだった。赤バットの川上さんに憧れ、打撃フォームをまねたりした。

しかし、巨人には一九五三年、藤尾（茂）という捕手が鳴尾高校から鳴り物入りで入団していた。（中略）捕手というポジションは一つ。まともに勝負しても勝てない、と思った私は、正捕手が三十歳以上のチームを調べてみた。すると、南海と広島が当てはまった。しかも、南海は新人の育成に定評がある。（そこで野球部部長の清水義一先生に）

「南海がええと思います」

「よっしゃ。南海やな」

（中略）

私は清水先生に旅費を出してもらい、南海の入団テストを受けるために大阪へ向かったのである。

――『無形の力』

〝期待されていない〟ときにこそ、すべきこと

（プロ入り後）5月、6月になっても二軍戦すら一向に試合に使ってもらえないので、不安になって主将に尋ねた。

「われわれテスト生出身選手はどうなんですか、先輩」

「やっと気づいたか。テスト生で一軍に上がったなんてのは過去一人もいないよ。テストに大勢来て7人合格。捕手が4人も受かったとき、まずおかしいと思わなかったのか」

「確かに捕手ばかり、やたら多いとは思いました」

「そこだよ。今までのブルペン捕手が3年経ったから全部クビになった。そこへお前らだ。補強じゃなくて、補充されただけだ」

――『私の教え子ベストナイン』

プロ1年目、打席に立っても緊張してまったく打てなかった。

9試合で11打数0安打1得点5三振。

あらためて見ても、ひどい成績である。

だから2年目の契約更改をするときに、球団に呼ばれて「クビ宣告」されたのだ。球団の部長からは「わしらにはわかる。お前には素質がない」と言われてしまった。

ショックだった。

夢を持って京都の片田舎の網野町から出てきた。家族・親戚や友達はもちろん、町長や野球協会の会長から万歳三唱で見送られた。

プロになって稼いで、貧乏だった母親に恩返しするつもりだった。

それが、何もせずに帰ることに。

悔し涙が自然とこぼれ落ちた。

気がついたら、部長の前で言っていた。

「こんな格好でクビにされたら田舎にも帰れない。就職難で就職できるはずがない。僕はこのまま球団の親会社の南海電鉄の電車に飛び込んで自殺します！」

たちが悪いが、意外と神経が図太かったとも言えるだろう。

その本気具合が通じたのか、部長は「ちょっと待っとれ」と呆れ顔で部屋を出て10分後に戻り、「仕方ない。もう1年、面倒見たる」と言われた。
なんとか踏みとどまれたわけだ。

――『「本当の才能」の引き出し方』

南海に入ったばかりの新人のころ、私が夜、合宿所の庭で素振りをしていると、これから華やかな盛り場に繰り出そうとしている先輩たちが、こう言って冷やかしてきたものだった。

「おい、野村。この世界は才能だぞ。必死にバットを振って一流選手になれるぐらいなら、みんな一流になっとるよ」

しかし、私はそうは思わなかった。いや、そう思うわけにはいかないという事情があったのだ。何としても、ここにしがみついて、野球で飯を食っていかなければならないのだ。この世界でお金を稼がなければならないのだ。

（中略）

「若いときに流さなかった汗は、歳をとった後で涙となって流すことになるんだよ。だから、若いときの苦労は買ってでもしなさい」

母にそう教わったことを守っていく以外、私にプロ野球選手として生きる道はなかったのだ。

——『なぜか結果を出す人の理由』

二流が一流に勝つ、たった一つの方法

野球というスポーツの枠でとらえるなら二流選手でも一流になれる。

たとえば王（貞治）なんて入団当時、動きはにぶいし足は遅いでとてもあんな大選手になるとは思わなかった。ボク自身もそうだ。テスト生で南海に入団したとき、１年目でクビを宣告されたぐらいだ。

では、平凡な選手がどうすれば一流のプレーヤーになれるのか。

それには己を知ることが肝心だ。己を知るためには身をもって自分の力の限界を体験しなくてはならない。限界を体験することからチャレンジ精神が生まれるんだ。進歩とは未知への挑戦といえよう。精一杯努力したという自負の中から己を知ることができる。

——『ＢＩＧＭＡＮ』１９８８年10月号

プロの世界で生き残っていくためにはどうしたらいいか。ライバルに勝つためには何をしなければいけないのか。答えはひとつだ。人の何倍も努力すること。

そのためには、一日二十四時間をどう使うかにかかっている。私はそう考えた。

人間、時間だけは平等に与えられている。その使い方によって結果が大きく変わってくるならば、時間をいかに有効に使うかだ。それからというもの、練習が終わってみんなが休んでいるときも、私は黙々とバットを振り続けた。

――インタビューほか

当時の野球界では「利き腕では箸《はし》より重いものは持ってはいけない」といった非科学的なことが信じられており、筋力トレーニングは御法度《ごはっと》とされていた。しかし私はそんなタブーに振り回されているわけにはいかなかった。

――『理は変革の中に在り』

昼間の練習はみんな同じメニューをこなすので、差は縮まらない。だから合宿に帰ってから絶対に二、三時間は個人練習をやろう、と心に誓った。

鉄アレイを使った筋力トレーニングに加えて腹筋や背筋、腕立て。バットも一日四百、五百と振った。練習を終えるともうくたくた。一日ぐらい個人練習は休もうか、となまけ虫が顔をのぞかせる。

だが、ノルマ達成へ気力を振り絞った。

――『無形の力』

「殴った」ほうは忘れても、「殴られた」ほうは忘れない

南海に入団して4年目、私はパ・リーグでホームラン王を取った。本数は30本。打率は3割2厘まで上がり、ようやく一軍のレギュラーとなった。

ところが、5年目、6年目。私の成績は、なぜか急速に落ち始めた。

4打席に1本ヒットを打つのがやっとという状態になった。

4年目にはあれだけ打てたのに、なぜかパッタリ打てなくなったわけだ。

「もっと練習するしかない！」

そう思って毎晩のように素振りを繰り返した。試合が終わると遊びに行く先輩たちを尻

目に、手をマメだらけにして寮の庭でバットを振った。

しかし、やはり打てない。

(中略)

ある先輩が見かねていってきたひと言がヒントになった。

「野村よお、殴った人間っていうのはそれを忘れても、殴られたほうは痛みを忘れないもんだぞ」

ハッ！　とした。

ここで言う「殴った人間」とは、4年目にホームラン王を取った私のことだと気づいたからだ。考えてみれば、若造に打たれた相手チームのバッテリーの悔しさは相当なものだったはずだ。

だが、私は自分のこと、記録のことしか見ていなかった。ところが、翌年のシーズンから、「殴られた」相手のバッテリーは悔しさとともに私のバッティングを警戒し、研究するようになっていた、というわけだ。

――『「本当の才能」の引き出し方』

自分に足りない「5分《ぶ》」をどう埋めるか

私はバッターのタイプを四つに分類している。

A型は「ストレートを狙い、変化球にも対応するタイプ」
B型は「内角か外角か、打つコースを決めるタイプ」
C型は「レフト方向かライト方向か、打つ方向を決めるタイプ」
D型は「球種にヤマを張るタイプ」

すべてのバッターが、このどれか（あるいは、その組み合わせ）のタイプに当てはまるのである。

A型には、長嶋茂雄や王貞治、田淵幸一、松井秀喜ら、そうそうたる強打者が並ぶ。いわゆる天才型のバッターだ。

B型は、落合博満などがそうだと見ているが、状況によってC型を組み合わせているのではないか。

C型は、元巨人の元木大介や、西武の辻発彦らがそうで、ヤクルトの宮本慎也なども基本はこのタイプだった。

そしてD型の代表は私だ。私は典型的なヤマ張りタイプで、A型のようにストレートを待ちながら変化球に対応するなどといった器用なことはできなかった。

そのため、ストレートを待っているときにカーブを投げられると、もう手も足も出なかった。

「カーブの打てないノ・ム・ラ」

とよく野次られたものだった。

——インタビューほか

指導者はみんなすぐに「練習、練習！　練習さえしっかりやればできる」と言います。でもそれは違う。いくら練習しても成果が出ないから不器用と言うんです。だから、不器用者は、練習は当然としてそれ以外の方法を考えなければならないのです。

「3割打ったら一流と言われる。俺は今、2割5分ぐらい打つ力はある。じゃあ、残りの

5分を埋めるためにはどうするか」

そこに不器用ならではの生き方があるんです。

——『Number』2004年2月号

そんなとき出会ったのが、メジャーリーグの偉大なバッター、テッド・ウィリアムズの著書『バッティングの科学』だった。そこに書かれていたこんな文章に、私は引きつけられた。

「ピッチャーは、キャッチャーとサインを交換したうえで投げる。だから、投球動作に入るときには球種が決まっている。ストレートかカーブか、投げるときには、必ずどこかに癖が出ているはずだ」

（中略）

私はそれまでの考えを改め、不器用なら不器用なりのバッティングを突き詰めることにした。具体的に言えば、カーブを打つ練習と同時に、ピッチャーの癖やバッテリーの狙いを読むことに没頭した。


——『野村の哲学ノート「なんとかなるわよ」』

では、相手の配球を読むには、どうすればいいのか？

ずっとそれを考えていたときに、ふと目に入ったのが、遠征先のホテルの部屋で一生懸命に鉛筆を走らせていた一人の人物だった。

尾張久次《おわりひさつぐ》さんという。南海ホークスの名物スコアラーだ。

当時のスコアラーは契約更改用の査定のために自チームの選手のデータを取ることが主な仕事だった。

ただ、私は、尾張さんにこう頼んだ。

「相手ピッチャーが私に投げてくる球種とコースを毎試合つけてもらえませんか」

お安い御用だ、とばかりに尾張さんは気軽に請け負ってくれた。

これが私に大きな転機をもたらすことになる。

なにしろ、そのデータを家に持ち帰って並べると、はっきり一人ひとりの相手ピッチャーの配球のクセが見えてきたからだ。

――『「本当の才能」の引き出し方』

さらに私は尾張さんに「ピッチャーが首を横に振ったときの投球には印をつけてください」と頼んだ。

するとA投手は首を振ったとき「内角には投げない」とか、B投手は首を振ったら「ストレートはない」といった傾向も見えるようになってきた。

こうして事前にデータを集めると、1打席、1打席、対峙するだけではつかめなかった相手の傾向が手に取るようにわかるようになった。このデータを記したノートが増えれば増えるほど、狙い撃ちタイプである私の読みは的中率をグングン上げた。

気がつけば打率3割を超え、ホームラン王のみならず打点王も取り続けることができた。

それだけではない。

データを見つめ直すと、キャッチャーとしてもバッターの心理が読めるようになり、裏をかくような配球ができるようになった。

——『「本当の才能」の引き出し方』

ＩＤ野球は、こうして生まれた。

言うまでもなく、それは選手時代に戦後初の三冠王を獲得するなどの成績につながり、また監督になってからもそれなりの結果を上げることができた「考える野球（シンキング・ベースボール）」のベースとなったものだ。

——『「本当の才能」の引き出し方』

本格派のピッチャー、技巧派のピッチャーの真実

私は現在に至るまで、「本格派の中の本格派投手」は、全盛期の金田正一と江夏豊だけだろうと思っている。よく本格派、技巧派というが、私の経験に即していえば、本格派と技巧派はさらに二つずつ分類できる。つまり、こうだ。

①超本格派
②本格派
③技巧派
④超技巧派

①の超本格派とは、「本格派の中の本格派」ともいえるものだ。「ストレートが100％来る」とバッターが待ち構えていたとしても、ストレートで勝負できるピッチャーを指す。

金田と江夏は超本格派投手の中での最高の投手だった。
②の本格派は、ストライクゾーンに来たストレートなら対処できる。だが高めにコントロールされる球は、その伸びによってボール球でも空振りさせられてしまう。（中略）杉浦忠、山口高志、堀内恒夫、江川卓、さらには野茂英雄、藤川球児らが代表格だ。
③の技巧派、④超技巧派は、実際には球速表示とは関係ない。そして「超技巧派」という言葉を考えついたのは、ダルビッシュ有を見てからのことだ。

――『私が選んだ プロ野球10大「名プレー」』

「一流は打てない」というレッテルを覆すために

（前述のように）私は入団4年目の57年に30本塁打を放って初タイトルを獲得した。打率も・302と初めて3割に乗せた。（中略）ところが翌58年、そして59年と壁にぶち当たり、いずれも21本止まり。打率も・253、・263と落ちた。そんなとき鶴岡（一人《かずと》）監督から浴びせられた言葉があった。

「野村は二流は打つけど、一流は打てんなあ」
鶴岡監督のいう「一流」とは、稲尾（和久）を指しているのは明白だった。

――『私が選んだ プロ野球10大「名プレー」』

58、59年にはそれぞれ打率・188、・240と稲尾に抑え込まれた。稲尾攻略なくして私の飛躍はない。ひいては南海の優勝もない。攻略の糸口をなんとかして見つけよう。とにかく研究しよう。なくて七癖。必ず癖があるはずだ。
当時の球界にはまだビデオというものがない。8ミリカメラもない。そこで中学時代のチームメートで投手をしていた友人に16ミリカメラで撮影を頼んだ。

――『私が選んだ プロ野球10大「名プレー」』

映像で知りたかったのは、シュートとスライダーの癖の違いだった。ほんのわずかなことを発見した。

（中略）

（バッターボックスから）握りが見えるのである。厳密にいえば、ボールの白い部分が見える面積の違いである。稲尾の場合、白い部分が大きいとスライダー、それよりやや小さければシュート。このわずかな差で、シュートを投げるときは8割から9割はわかるようになった。

（中略）

今度は面白いように稲尾を打つことができるようになった。60年は稲尾に対して17打数5安打、打率・294、1本塁打、3打点をマーク。前々年の打率・188より、1割以上もアップできた。シーズンのトータル成績でも打率・291、29本塁打と巻き返した。

――『私が選んだ プロ野球10大「名プレー」』

ところが、チームメートの杉浦忠が61年のオールスターで稲尾に雑談でこう漏らしてしまったのだ。「サイちゃん（稲尾の愛称）、野村はよう勉強しとるで。オレらは握りなんて意識したりせんもんな」。無邪気な杉浦は私を褒めてくれたようなのだが、私にとっては余計なひと言でしかなかった。

私は慌てて「やめろや」と制した。稲尾も黙っていた。ただし、稲尾の細い目は、見る見る広がっている。答えはすぐに出た。

（中略）

以後は、打ち込んだり抑えられたりの繰り返し。互いに研究し、相手の上を行こうとする。こうしたイタチごっこともいえる稲尾との切磋琢磨《せっさたくま》が、私自身に何ごとにも代え難い財産をもたらしてくれた。

――『私が選んだ プロ野球10大「名プレー」』

キャッチャーボックスからしか見えない世界

わたしは、キャッチャーのレギュラーになってから「キャッチャーとはなにか」といろいろ考えていた。そのとき不思議に思ったのは、「なぜキャッチャーだけがファウルグラウンドにいるのか」ということである。

野球を知っていればわかると思うが、守備についたときにほかの野手はフェアグラウンド内に立っている。けれど、キャッチャーだけはフェアグラウンドの外に座っている。

キャッチャーだけがほかの選手と隔絶され、独りぼっちを味わわされるのである。「ひとりだけフェアグラウンドに入ってはいけないということは、なにかを暗示しているのではないか」

そう考えたわたしは、ひとつの結論を出した。

「外から協力する」

それが、キャッチャーがファウルグラウンドにいる意味だと考えたのである。ひとりだけほかの野手とは反対を向き、一歩引いたところからマスク越しに試合を俯瞰《ふかん》してシナリオを練る。それがキャッチャーなのだと。つまり、表に出てはいけないのがキャッチャーで、あくまでも黒子、縁の下の力持ちであるべきなのだ。

――『野村の悟り』

「キャッチャーは監督の分身である」

キャッチャーがサインを出し、それに従ってピッチャーが投げる。こうしてすべてのプレーが始まる。そして、その都度、ピッチャーを含めた、守っている選手全員と唯一対面しているキャッチャーは、イニング、点差、アウトカウントやボールカウント、打順などの状況、それに伴って変化する相手ベンチの心理、そしてバッターのタイプ、性格、特徴などあらゆる条件を考慮しながら、ピッチャーだけでなく、野手にも指示を出す。つまり、キャッチャーは試合の〝脚本〟を書いているのである。（中略）

そもそも、対戦型の球技において、「守備」側がボールを保持しているのは、野球だけだといってもいい（あとは「野球の原型」といわれることもあるクリケットと、野球から派生したソフトボールだけのようだ）。つまり、主導権を握っているのは攻撃側ではなく、守備側なのである。そのことを考えても、キャッチャーの重要性が理解できるだろう。

――『野村の遺言』

心理戦で勝つための「ささやき戦術」

勝負というのは、力と力、知恵と知恵のぶつかり合いだ。

しかし、人間が互いに競り合うとき、そこには必ず感情や性格といった心理的なものが大きく関わってくる。

いくら力がある者でも、ふとしたひと言で心が動揺することはある。いくら優れた技術を持った者でも、心穏やかならぬ出来事があれば、ワザの精度は狂う。

平常心なき者は、勝負事で力を発揮できないのである。

これを戦略的に武器として使ったのが、「ささやき戦術」だ。バッターボックスに立つ選手に対し、キャッチャーである私が、ボソッと何かひと言を放つ。

「お前、真っすぐ待っとるな」

この予言めいた〝ささやき〟に根拠はいらない。当たっている必要などないからだ。

（中略）

実のところ、ささやきにどれほど効果があったかはわからない。

しかし、一つだけ言えるのは、感情の起伏が激しい者、怒りっぽい人間ほど、その効果を手に取るように感じ取れた、ということだ。

――『「本当の才能」の引き出し方』

「うるせえ！」

私がブツブツささやくや、大声で怒鳴りつけてきた男がいた。

東映フライヤーズ（現・北海道日本ハムファイターズ）の大杉勝男というバッターだ。豪快なアッパースイングが持ち味だったが、球界一けんかっ早いと言われるほどキレやすい男だった。まんまと私のささやきにもキレたわけだ。

「なんじゃ、先輩に向かってその言い草は」

と、私はあえて火に油を注いだ。

さらにカッカとにらんでくる大杉に対して、審判が間に入って仲裁するほどだった。

勝負あり。そう思った。

大杉はなんということのない配球に、空振り三振をした。

本来、ボールに向けなければいけない意識を、イラだって私に向けた時点で負けなのである。

——『「本当の才能」の引き出し方』

最後に勝負を分ける「無形の力」

私は決して素晴らしい運動能力に恵まれていたわけではない。むしろ不器用な人間であると思う。

だが、不器用だったからこそ、野球のほかには道がないと思い一徹になれた。どうしても打率二割六分程度しか打てなかったとき、どうしてもカーブ（変化球）が打てなかったとき……自分の能力の限界を知ったこんな心境の時、目には見えない「無形の力」を磨くことで活路を開いたのである。

不器用だったからこそ、壁にぶち当たったときに工夫を重ね、道を切り開いてきたのだ。

「才能とは頭脳に埋め込まれた情報である」

人間は目には見えない能力を持っている。そして、それらをフルに使うことでいい仕事ができる。私はこの言葉を常に噛み締め、野球をしてきたのである。

――『無形の力』

たとえばバッターだとしたら、目の前のバッテリーは何をされるのを嫌がっているか。

そもそも勝ち気なのか、慎重派か、どのような性格の持ち主なのか――。

こうした対戦相手の心理、思考というものは、形のない「目に見えないもの」である。

しかし、見えない相手の気持ちを感じることができれば、手の内が読める。

事前にどんな球を投げるかが読めれば、力のあるバッターなら必ず打てる。相手がどんな球を狙っているかを読めれば、技術力のあるピッチャーなら必ず打ち取れるのだ。

――『「本当の才能」の引き出し方』

「予備知識は重いほどいい。先入観は軽いほどいい」

おかげで長きにわたり現役生活を送れたが、引退後は監督となるには学歴がなく、ゴマすりも苦手だった。「それなら日本一の野球評論家になろう」と決意した。

――『番狂わせの起こし方』

現役時代の私はテレビやラジオの解説に満足できなかった。（V9時代の）巨人が〝ドジャース戦法〟を導入し、パ・リーグでも阪急（現・オリックス・バファローズ）のダリル・スペンサーや南海のドン・ブレイザーが〝シンキング・ベースボール〟を持ち込んだことで日本の野球も近代化されつつあったにもかかわらず、解説だけは旧態依然だったからだ。

逆に言えば、そんな解説しかなかったからこそ、「おれが誰にも負けない、日本一の解説をやってやる」と誓うことになったのかもしれない。

――『本の窓』2016年8月号

野球の知見を広げるだけでなく、啓蒙書《けいもうしょ》や哲学書、中国古典などを読み漁《あさ》った。人間を知ることが野球を知ることにつながると教えられたからだ。そして身につけた野球観は唯一無二のものだったようで、新聞やテレビの評論で重宝されるようになった。その評論が縁で、現役時代は縁もゆかりもなかった3つのチームを監督として率《ひき》いることになった。

――『番狂わせの起こし方』

45歳で現役を引退して野球評論家になったときだ。

当時は講演会ブームで、私のような元野球選手にまで経営者向けの講演会の依頼がよく届いていた。

しかし、そんな場で何を話せばいいのだろうか？

頭を抱えているのを知った女房のサッチーが、「いい人がいるわよ」と紹介してくれたのが草柳《くさやなぎ》（大蔵《だいぞう》）さんだった。

東京帝国大学（現・東京大学）を首席で卒業して政治・経済・哲学に精通していた知の巨人。著書を出せばヒットし、テレビでも活躍していた超売れっ子であった。

その草柳さんのご自宅にまで伺い、私は率直に聞いた。

「先生、評論家とは何を話せばいいのですか？」

すると、「ついてきなさい」と二階の書庫に連れて行かれた。

書庫には、列をなした書棚にびっしりと本が並び、その迫力に思わず「全部読まれたんですか？」と尋ねたことを覚えている。それまで本を読む習慣がなかった私には、数千冊にも及ぶ本を読む神経がわからなかった。

そこで思想家の安岡正篤《やすおかまさひろ》の本や『老子』などの古典を何冊も私に手渡しながら、草柳さんが言った。

「予備知識は重いほどいい。先入観は軽いほどいい。まずは本を読んだ上で、これまで経験してきた野球の話をしなさい」

——『「本当の才能」の引き出し方』

経営者向けの講演会だからといって、無理して知らぬビジネスの話などするとボロが出る。

しかし一方で、私には誰にも負けない野球人としての経験があった。

テスト生から這《は》い上がって、プレーイングマネージャーにまでなった経験を持つ人間は広い野球界でもきわめて稀《まれ》だった。

「だから、野村さんは野球のことだけ、まず話せ」

というわけだ。

その上で、「よき本に書かれた原理原則を学べ」と言う。

原理原則とは、平たく言えば、どんな物事でも当てはまる「当たり前」のこと。野球でもビジネスでも、人生においても共通する普遍的な真理だ。

良書を読み、知識を積み上げれば、経験を語るにも深みが出る。または故事成語を語るにも血肉が宿る。「言葉の伝わり方が変わる」ということだ。

実際、私はむさぼるように本を読んだ。気になるところは赤ペンを引いて何度も読み返した。

――『「本当の才能」の引き出し方』

見てくれている人は必ずいる――思いがけない監督就任要請

西武ライオンズ（現・埼玉西武ライオンズ）を最後に現役を退いてから9年間、私は野球解説者になっていた。

当時のプロ野球の監督・コーチは、ざっと見渡しても全員大学出の名門野球部出身者。田舎高校からテスト入団で成り上がった自分が監督になれるとは正直、思っていなかった。

しかし、ヤクルトから突然、声がかかった。

当時は昔ほどではなかったとはいえ、まだまだOB至上主義の学歴社会だったから、セ・リーグで戦った経験がなかった私にヤクルトから声がかかったことに驚かされた。

だから思わず、相馬球団社長に、

「なぜ私なんですか」

と聞いてみた。

相馬社長は開口一番、

「野村さんの明快な解説をテレビや新聞で見聞きして、『これが本当の野球だ』と思った。ぜひヤクルトに野球の真髄を教えてください」

と返ってきた。

仕事は一生懸命やるもんだと思った。

監督の道は途絶えた。そう思っていた私は、実は当時、野球解説を究めようと思っていた。誰にも負けない野球解説者になってやろう。それしか道はないと考えていた。

だから、周囲の解説者に負けてたまるかと、可能な限り試合を見て、一球一球を見逃さずにスコアブックに書き込み、論理的に野球を語るスタイルをコツコツと積み上げてきた。

驚くことに、「監督の道が途絶えたから……」と突き詰めたことが、監督への道につながった、というわけだ。

見ている人は見ている。

――『「本当の才能」の引き出し方』

「弱者」を自覚することの強さ

勝負の真髄とは何か、勝負の哲学みたいなものを自分なりに考えると、やっぱり騙し合いでしょ。

そもそも、強い者がいつも勝ってたら、おもしろくもなんともないじゃないですか。弱い者が強い者を倒したときにこそ、「やった！」って快感がある。僕は、野球のそういうところに憧れます。そのへんに野球のおもしろさ、すごさがあると思うんですよ。「弱者が強者を倒す」。これが野球の魅力だと思います。

――『再生力』（田原総一郎氏との共著）

私は自分のチームの選手たちを「弱者である」と認識して、巨人やソフトバンクといった「強者」に立ち向かう戦略、戦術を考える。その戦略、戦術に合わせて選手を選抜し、教育していく。勝利という目的のもとで確かな戦略、戦術を練り上げて、監督、コーチ、選手が一丸となり勝利という目的達成を目指す。

――『私が選んだ プロ野球10大「名プレー」』

弱者は強者と同じことをやっていても絶対に勝てません。ですから、正攻法だけではなく奇策を組み合わせる。弱いチームはどうしても奇襲が多くなるんです。そして、奇襲を行う時期はプロ野球なら4月。そうすると相手が、それを1年間マークする。何をやってくるかわからないという思いでこちらを見てくる。ここで走ってくるだとか、勝手に警戒してくる。それで、やるぞ、やるぞと思わせておいてやらない。こうした戦略は弱いチームならではの楽しみでもありますけどね。

——『FRIDAY』2013年6月14日号

野球は「間」のスポーツだからこそ

野球は「間《ま》」のスポーツである。一球一球、ゲームが切れる。このことは、「そのあいだに考えろ、備えろ」といっているのだ。一球ごとに移り変わる状況のなかで、考えられるかぎりの作戦のなかから成功する確率のもっとも高いものを選択する。そのための時間が与えられているのだと私は考えている。

事前にあらゆるデータを収集し、分析し、相手をよく研究して入念に準備する。そして、これらをもとに、置かれた状況をよく観察して見極め、おたがいの心理状態や力量を探り、判断し、最適の作戦を選択し、決断する。

（中略）

こうした能力はかたちにならない。というより、相手には見えていない。だが、こうした力を重視し、大いに活用して臨むチームのほうが、有形の力だけに頼るチームよりはるかに強い。結集した無形の力の前には、技術力など吹き飛んでしまうというのが私の考えだ。

――『野村再生工場』

野球は「意外性のスポーツ」だ。だから弱者が強者を倒す、番狂わせが大いにありうる世界である。

たとえば私の監督経験でも、「あれはまさに番狂わせだった」と思う試合がある。

1973年、南海のプレーイングマネジャーとして臨んだパ・リーグのプレーオフだ。

どんな采配をしたのか？　試合を捨てたのだ。

――『番狂わせの起こし方』

当時、パ・リーグは前期・後期の2シーズン制だった。南海は前期に幸運にも優勝。しかし、そもそもが弱小チームなので、後期はやっと3位という有様だった。その証拠に、後期優勝の阪急ブレーブスには13戦して12敗1分け。つまり、1勝もできなかった。

（中略）

それでもプレーオフは短期決戦だ。先に3勝（最大5試合）したチームが日本シリーズに勝ち上がる仕組み。相手より劣る戦力で、いかに巧みに戦うか。それが監督の腕の見せどころだった。

そこで「すべてを勝ちにいかない」策を取ったわけだ。

（中略）

初戦と第3戦、そして最後の第5戦は「確実に勝つ」試合として戦力を集中させた。具体的には（エースの）江本（孟紀《たけのり》）をフル回転で使った。初戦と5戦目はストッパーとして、第3戦は先発完投させたのだ。

しかし、2、4戦は江本は使わなかった。投げさせたい局面でも、体を休ませることを第一として温存した。言い方は悪いが、「捨て試合」としたわけだ。
結果は狙い通りだった。2、4戦は阪急に9点、13点も取られてボロ負けしたが、1、3、5戦は接戦で南海が勝ち切った。3勝2敗、日本シリーズ進出だ。

（中略）

じつは功を奏したのは、江本の使い分けだけではなかった。選手、コーチ、スコアラーなど全員に「失点を防ぐことに集中しよう」と伝え、阪急の打者のデータを集めて、徹底的に分析して、共有したことだ。

中でも大事だったのは〝先手必勝〟を実践したこと。たいていの弱いチームは気持ちまで弱い。初戦で負けると「やはり俺たちは弱いんだ」と腰が引け、ズルズルと連敗する。ただし、先に勝つとクルッと気持ちは反転する。「前評判ほど相手は強くない」と恐れが消え、「俺たちはいけるぞ！」と自信が芽生えるものだ。

敵にはこの逆の現象が起きる。見下していた相手に土をつけられ、「こんなはずはない」と焦《あせ》り、「負けるわけにはいかない」と気負う。

実際、2勝2敗のタイで挑んだ最終戦での阪急の選手たちの顔面蒼白ぶりは気の毒なほどだった。負けるかもしれないというプレッシャーに押しつぶされていたのが、マスク越しにわかった。そのときに「勝ち」を確信した。こっちは互角に戦えている状況にベンチからのヤジも滑《なめ》らか。自然体で最終戦を戦えた。

――『番狂わせの起こし方』

（95年のヤクルト対オリックスの日本シリーズを前に）イチローに対しては、事前のスコアラーからの報告では「穴がありません。ヒットならOKだと我慢してください」と報告があった。打てないコースがない、抑えられるカウントがないというのである。それならば、万人に通用する配球で抑えるしかない。（中略）

マスコミに攻略法はできたか、と聞かれたら、「できました」と答える。「イチローは内角に穴がある。そこを狙えばバッティングフォームを崩すことができる」。選手にも同じように答えろ、といい聞かせておいた。

どの番組に出てもそう答えておけば、いずれイチローの耳に入る。「弱点がある」といわれて気持ちのいい選手などいない。内角を少しでも意識してくれれば、外角へのバットの出は遅くなる。内角に来るぞ来るぞと思わせておいて、外角一辺倒。行けるところまでこれで行こう、と決めていた。

果たして、第4戦までわずかヒット3本に抑えることができた。

――『私が選んだ プロ野球10大「名プレー」』

ところが、さすがはイチロー。第5戦の第1打席で思い切り踏み込まれて外角球をバックスクリーンへホームランを打たれた。第4戦まででシリーズの帰趨《きすう》はほぼ決していたとはいえ、二度と通用しないな、と思えるほどのバッティングを見せつけられた。

――『私が選んだ プロ野球10大「名プレー」』

「固定観念は悪、先入観は罪」

京都の田舎の高校で野球をしてきた私は、テスト生で南海に入ってからも野球道具の知識など皆無。「バットの良し悪し」なんてわからない青二才だった。

長距離バッターはみな、グリップが細いバットを使っていた。

グリップが細いとバットの先端が重く感じる。そのためスイングすると遠心力が増して、長打が出やすくなる。当時はそういわれていた。

そこで、私もなけなしの給料をはたいて、グリップの細いバットを買ってみた。

ところが、問題があった。細いバットは芯を外すとすぐ折れてしまうのだ。まだ二軍の新人にはカネがない。仕方ないから、頻繁に一軍の練習場に行っては、先輩に「バットください！」といつも譲ってもらっていた。もちろん細いグリップを使っている選手を狙って、声をかけた。

（中略）

ある日の練習中だった。

いつものようにバットが折れたので一軍のロッカーに向かったが、細いグリップのバットが一本もない。あったのはグリップの太い〝すりこぎ〟のようなバットだけだった。「まいったな……」と思わず声が出た。

当時、グリップの太いバットは「力の足りないミート型打者向け」とされ、私は敬遠していた。かといって、バットがなければ練習にならない。仕方なく、そのすりこぎバットを持って二軍の練習場に戻った。

すると素振りから感覚がまったく違った。振りにくかったのではない。「振りやすかった」のだ。

バッティング練習を始めるとさらに驚いた。ポンポンポンポン……と、グリップが細いバットより、すりこぎバットのほうがおもしろいように打てた。

早速、次の試合からそのバットを使いだした。以来、打球は飛び始めて、私は徐々に注目されるようになって、結果的にレギュラーに上がっていた。

「固定観念は悪」——。

私がよくいうセリフだが、道具にもまさに当てはまることだ。「これさえあれば間違いない」「みなが使っているから」。そんな安直な判断ではなく、目で見て、触って、自らの頭で判断して道具を選ぶことが肝要だ。それは道具に限らず、仕事そのものに向けても持つべき基本姿勢だろう。

——『番狂わせの起こし方』

会う人ごとに聞かれる。

「プロ野球の監督の仕事で、一番大変なことは何ですか」

采配で言えば、投手の継投である。ただ、それ以前に、私は「監督の仕事」とは「気づかせ屋」だと考えている。

「固定観念は悪、先入観は罪」だ。だから「今のポジションが一番いいと思い込むのではなく、どのポジションが自分の長所を最大限に発揮できるか、もう一度探してみろ」と。

選手自身が気づいていない「潜在能力」を気づかせてやる。戦力として「適材適所」で活用し、的確な指導法で大きく育てるのだ。そうすれば、これまで以上に大活躍できるかもしれない。

――『私が選ぶ名監督10人』

私が初めてヤクルトの監督になったとき、「足を活かした機動的な野球がしたい」と考えて、一軍、二軍を問わず足の速い選手を数名集めて走らせてみたことがある。その中に当時二軍にいた飯田（哲也）もいた。圧倒的な速さで目立っていた。

しかも走り出しのよさと、飛球が落ちる場所を先読みするセンスが抜群。

すぐ「この足だけでも一軍で使える」と判断した。

ところが、だ。

その飯田をよく見たら、持っていたのはグローブではなく、キャッチャーミットだったのである。

「お前、キャッチャーか」

と聞けば、「はい」と答える。

「キャッチャー、好きか」

と聞いたら、口ごもった。

問いただすと、高校時代の監督に、

「肩がいいからキャッチャーをやれ、と言われたので……」

と言うのだ。ほとほとあきれた。

高校野球では人材が少ないから仕方がない面がある。しかし、何人ものコーチや監督がいたのに、「飯田は高校時代からキャッチャーだから」と、野手向きの俊敏な才能を完全に埋もれさせていた。

「先入観」と「惰性《だせい》」のせいで、見る目が曇っていたわけだ。

——『「本当の才能」の引き出し方』

飯田はその後、俊足・強肩の1番打者として、ヤクルトのリーグ優勝、日本一に大いに貢献してくれた。7年連続でゴールデングラブ賞も受賞した。キャッチャーからセカンド、そしてセンターへのコンバートは大成功だったということだ。

——インタビューほか

野村克也データ 1

プロ野球入団後の経歴

1954年	南海ホークス入団
1978年	ロッテオリオンズ移籍
1979年	西武ライオンズ移籍
1980年	現役引退
1990～1998年	ヤクルトスワローズ監督
1999～2001年	阪神タイガース監督
2002～2005年	社会人野球チームのシダックス 野球部監督兼ゼネラルマネージャー
2006～2009年	東北楽天ゴールデンイーグルス監督

野球殿堂入り（1989）　正力松太郎賞（1993）

通算個人成績

生涯打率	2割7分7厘
出場試合数	3017試合（日本プロ野球歴代2位）
通算安打	2901安打（同2位）
通算本塁打	657本塁打（同2位）
通算打点	1988打点（同2位）
通算得点	1509得点（同4位）
通算四球	1252四球（同7位）
通算死球	122死球（同11位）
通算三振	1478三振（同14位）
通算盗塁	117盗塁

第2章

当たり前のことを当たり前にできる人間であれ

〈真のプロフェッショナル論〉

プロ意識とは恥の意識

プロ意識とは「恥の意識」と同義語である。「プロとして恥ずかしい」という意識を常に持っていなければいけない。「プロなのに、こんなことも知らないのか」「プロのくせにそんなプレーをするのか」と思われてはいけない。

ファンにそんなマイナスイメージを与えることは、プロとしてこれほど恥ずかしいことはない。そういうことがないようにするために、日頃から体を鍛え、ワザを磨き、心を整え、専門知識を身に付ける。それがプロ野球の選手でありコーチであり監督の務めなのだ。

――『なぜか結果を出す人の理由』

「ささやき戦術」が通用しなかった超一流たち

私が現役時代、バッターの集中力を乱すために行った「ささやき戦術」が、まったく通用しない選手が二人いた。

それが、王と長嶋だ。この二人は対照的だった。

オールスターや日本シリーズで対戦した際、王がバッターボックスに入ったタイミングで、キャッチャーマスク越しに、

「最近、どうでっか？　銀座方面は……」

などとささやく。すると、王は人がいいので、

「いやあ、この頃、ご無沙汰でして」

などとまともに答えてくれる。会話が成立するのだ。

ところが、王はそう答えた直後、一瞬のうちに切り替え、ピッチャーをギョロッとにらみ、ものすごい集中力を発揮しだす。ささやきが影響を及ぼさないのだ。

一方、長嶋は正反対だった。

「チョーさん、最近、銀座出てるの？」

とささやいても、

「このピッチャー、どお？」

とまったく会話にならない。
長嶋は最初から自分の世界に入りきっており、そもそも雑音が耳に入らないのだ。

——インタビューほか

張本勲に対しても私はささやくのをやめた。張本は「わざと大きな空振りをしてバットで（野村の）頭を殴ったから」と言っているようだが、実際は違う。張本はああ見えて神経質で、バッターボックスに立つとき、軸足の位置をホームベースを基準に測って決める。そんなときにささやきかけると、いつまでも打席に入らない。だからやめたのである。

——インタビューほか

こいつには歯が立たん…と思った唯一のバッター・王貞治

私が60年を超えるプロ野球生活で見てきた中で№1だと思うバッターは、左では王貞治、右では落合博満である。

——インタビューほか

忘れもしない１９６３年。私は52本のホームランを打ち、それまで12年間破られなかった51本の「年間最多本塁打記録」を塗り替えた。

「10年間は抜かれないだろう」

そう思った翌年だった。王はあっさり55本塁打を打ち、私の記録は忘れ去られた。

しかし、私はその後もホームランを打ち続けた。

そして１９６５年には「通算本塁打数歴代1位」になった。

ただ、これも１９７３年の8月に追いつかれる。気がつけば王は私に並ぶ５６３本を打っていた。だから「意地でも６００本は私が先に到達する！」と人知れず決意した。

しかし、体力的なピークを越えていたこともあって、どんどん王に離されていき、結局６００号は先を越された。

まったく、私の価値をとことん下げてくれたのが、王だ。

（中略）

あまりに腹立たしかったので、その１９７３年以来、オールスターでの対戦時、私はキャッチャーとしてやり返してやったのだ。

私は王の攻略法を見抜いていた。

王のバッティングを見ていれば彼の苦手な配球がわかった。王は内角で追い込み、外角に落とすか、外角のボールゾーンからギリギリいっぱいに入るカーブを投げるのが有効だった。密かにそれを発見した私は、オールスターで実践したのだ。

だから私がマスクをかぶったとき、王は30打席連続でノーヒットだった。

セ・リーグのキャッチャーたちに「お前らが王をこんなふうに攻略していたら、私の記録は抜かれなかったんだぞ!」と、手本とともにイヤミを示してやったわけだ。

もっとも、私は王というライバルがいなければ、そこまでの記録、成績を残せなかったはずだ。同時代を生きた天才にライバル心を持ち、いつも横目で見ていたからこそ、私の負けじ魂を引き出してもらえたのだ。

――『番狂わせの起こし方』

王は私が南海に在籍していた当時、自宅に泊まりに来たことがあった。「一晩中、野球の話をしましたよね」と王は懐かしがるが、残念ながら私はあまり覚えていない。それよりもはっきり覚えているのは、銀座のある店でばったり鉢合わせしたときのことだ。せっかくだから、と同じテーブルで楽しく遊んでいると、午後10時になった。

「ノムさん、お先に失礼しますね」と王が席を立った。「なんだよ、ワンちゃん。来たばっかりじゃないか。もう少し遊んでいきなよ」と声をかけると、「いや、荒川（博）さんが待っているんで」という。深夜の特訓のために、午後10時になったら遊びも打ち上げ。さすがだな、と思った。


――『私が選んだ プロ野球10大「名プレー」』


荒川さんに頼んで王の練習を見学させてもらったときのことである。王は、天井からぶら下げた紙を真剣で真っ二つに斬る練習をしていた。その姿を見て、私は驚愕《きょうがく》した。

「すごい……」

それ以外の言葉が思い浮かばなかった。一歩間違えば、自分の身を斬ることになる。ひと振りひと振りからすさまじいほどの殺気が発せられていた。とても気軽に声などかけられる雰囲気ではなかった。

練習量においては私も自信があった。しかし、王の素振りに較《くら》べれば、私のそれなんて遊びも同然だった。それほどの練習を王は毎日行っていたのである。

「まいった。こいつには歯が立たん……」

脱帽すると同時に、自分の甘っちょろさが恥ずかしくなったのを憶えている。

――『私のプロ野球80年史』

ああ見えて努力の塊のような男だった長嶋茂雄

1958年4月5日。後楽園球場で読売巨人軍の「ゴールデンボーイ」長嶋茂雄がデビューした。相手は国鉄スワローズ（現・東京ヤクルトスワローズ）の大エース、金田正一。4打席4三振、しかもすべて空振り三振という潔さで、金田も「コイツは大物だ」とつぶやいたという。

当時、南海ホークス5年目でレギュラー捕手だった私は、もちろんこの試合を直接見ていない。当日はわが南海も試合中だった。だが長嶋の打席結果を逐一チェックしていた。ラジオ中継を聞いていたチームのマネジャーに、「長嶋、どうでしたか？」と教えてもらっていたのだ。

（中略）

長嶋は、私と同学年とはいえ、立教大学から入団したてのルーキーだ。4三振は当然で、むしろプロをなめてくれるなよ、というほどのもので、結果じたいに驚きはなかった。金田の真っすぐとカーブを打てるはずがない。それ以前に、振れるはずがない。だから「どうせ見逃しでしょ？」と口をついて出た。あのカーブが気になったら、真っすぐにも手が出せないはずだからだ。それがすべて空振り三振。「金田さんの球を振ったのか」と驚いたのである。

——『私が選んだ プロ野球10大「名プレー」』

長嶋も、ああ見えて努力の塊《かたまり》のような男だ。

かつて巨人から南海に移籍した相羽《あいば》欣厚《よしひろ》という選手がいたが、彼はよく言ったものだ。

「巨人では長嶋や王が誰よりも率先して猛練習する。あのレベルの選手が先頭に立って練習していたら、私たちみたいなペーペーはとても手を抜けない」

と。これぞ川上巨人の強さの秘密だ。

ONの打撃力ではなく、こうした手本となるような人間性。率先垂範《そっせんすいはん》でチームの意識を変えていくようなリーダーシップこそが、巨人をV9にまで導いたのだ、と私は思う。

――『私が選んだ プロ野球10大「名プレー」』


長嶋はシーズンオフの日米野球のときですら、全試合、全イニングに出場していた。日本シリーズまで戦った直後だから、体はボロボロだったはずだ。

だから、同じ日本代表チームになった私は、一度、長嶋にいった。

「チョーさん、毎試合フル出場は大変でしょ。監督にいって休ませてもらったら?」

すると長嶋はこう答えたよ。

「いやあ、私は毎試合出ているけど、私のことを見に来てくれるお客さんは、もしかしたら初めての野球観戦だったり、一生に一度しかない観戦かもしれない。そう考えると休めないよ」

二の句が継げなかった。仕事に対するこんな姿勢こそが、本当のプロの「美意識」なんだ。見習おう、と素直に思えた。

――『番狂わせの起こし方』

もう一人の天才・イチロー

長いプロ野球の歴史の中でも天才と呼べるバッターはそうはいない。その代表格が長嶋茂雄であり、もう1人がイチローだ。

——インタビューほか

私は長嶋に直接尋ねたことがある。

「みんな、あなたのことを天才と言っているけれど、自分でもそう思っている？」

すると、長嶋は「そうは思わない」と首を振り、こう言った。

「世間が『天才』と言うからそのふりをしているだけであって、人から見えないところで努力しているんだ」

立教大学で長嶋と同期だった南海のエース、杉浦忠も「長嶋はものすごく練習をしていた」と話していた。

イチローも同じ。子どものころから父親に連れられてバッティングセンターに毎日通い詰めたというのはよく知られるエピソードだが、プロに入ってからも猛練習ぶりは変わらなかったようだ。

馬場《ばば》敏史《としふみ》という、オリックスからヤクルトにやってきた選手がいた。彼に聞いた話では、イチローは朝から晩まで雨天練習場でバッティング練習をしていたそうだ。

（中略）

「とてもついていけません」

馬場は言っていた。

——『野村のイチロー論』

（イチローが）日米通算4000安打を達成したときにも、「4000本のヒットを打つために8000回以上の悔しい思いをしてきている。誇れるものがあるとすれば、その悔しさと向かい合ってきたこと」と語った。

これはまさしく同感だ。

「失敗と書いて、成長と読む」

私はよく言う。人間というものは、成功したときにはどうしてうまくいったのかはそれほど考えない。失敗したからこそ、「なぜ?」と原因を突き詰め、「自分のやり方は間違っていたのだろうか」と自省し、「では、どうすればいいのか」と考える。その繰り返しのなかで人は成長するのである。私自身、まさにそうやって生きてきた。

――『野村のイチロー論』

だれでも努力すれば野村克也にはなれる。しかしイチローにはなれない。これはけっして謙遜ではない。

(中略)重心を投手方向に移動させながら、優れたバットコントロールで打球方向を自在に操る。イチロー自身が血のにじむような努力で身につけた技術といえるが、他の選手が真似だけで到達できないレベルのものだ。だから私は「天才」というのである。

――『理想の野球』

私にはもうひとつ「イチローになれ」と言えない理由がある。(中略)

200安打を10年続けても、マリナーズは勝てない。最下位というこの現実を、イチローはどのように認識しているのだろうか?

イチローは自主的に球を待たない。初球からどんどん打って出る。1番打者の仕事は何より「出塁」だが、同時にまた、相手投手の情報を後続の打者により多く提供するという役目がある。時にボールカウントを不利にしてでも投手に球数をかけさせ、四球を選んでチャンスメークする。しかしイチローは出塁率よりも安打数を意識しているようにしか見えないのだ。

（中略）

イチロー自身にも言い分があるかもしれないが、彼が白星から離れて安打を積み重ねる姿を見ると、「野球も団体競技から離れていってしまうのか」と強い違和感を覚える。

——『理想の野球』

私は、イチローのことが以前から嫌いだった。

彼の言動の端々から、「自分は特別な存在なんだ」という自意識が常に感じられたからだ。また、野球への真摯な姿勢を見せる一方、それが「チーム」のために向けられているようにも思えなかった。すべては「自分のため」でしかないのではないかと。（中略）

だが、イチローは引退会見で、「頭を使わない野球」や「日本のプロアマ問題」に対して危機感を訴えた。それは私も同意するところ。引退を迎えるまでに、彼の意識も大きく変わったのかもしれない。

――『週刊大衆』2019年6月10日号

現役時代、もっとも憎らしかった対戦相手・福本豊

福本豊は、日本プロ野球に革命を起こしたひとりであった。私は、長い野球人生でひとつだけ諦めたことがあった。福本の盗塁を阻止することである。

――『私が見た最高の選手、最低の選手』

（福本は）一回、先頭で出塁させれば、二盗→犠打→犠飛で1点失う。全盛期の福本への四球は、ソロ本塁打と同じ重みがあった。

ならば……。フルカウントで、ど真ん中の直球を要求したことが何度かある。四球もソロも同じなら、ど真ん中を打ち上げてくれる確率に賭けたのだ。それでもどん詰まりのゴ

ロを打たれると、内野安打になる。厄介だった。

——『野村克也　野球論集成』

足に自信がある左打者は、打つ動作に走る動作が加わる「走りうち」になる選手が多い。イチローや青木宣親《あおきのりちか》もそうだ。しかし福本はしっかり振り切って走る。セーフティーバントをしない。なぜかと問えば「姑息《こそく》なことは嫌いですねん」と答える。そう言っておいて、送りバントをヒットにしてみせる。そんな男だった。

——『私が見た最高の選手、最低の選手』

その福本にはさんざん苦しめられた。いや、私だけではない。パ・リーグの全球団がそうだった。福本対策は、どのチームにとっても焦眉《しょうび》の急だった。

私もいろいろ考えた。

（中略）

たどり着いた結論は「ピッチャーの投球時間を短縮するしかない」ということだ。私は南海のピッチャーたちに言った。

「おまえら、そんなにのんびりした大きなモーションで投げていて、福本を刺せると思うか？　おれが受けて投げようと思ったら、もうあいつはスライディングしかけているんだぞ」

そして、こう命じた。

「ちっちゃいモーションで投げろ」

つまりクイックで投げろというわけだ。

当然ではないかと思われるかもしれない。いまならリトルリーグだってやっているだろう。だが、当時は誰もそんなことは考えていなかった。その証拠に、「クイック・モーション」という言葉自体がなかった。だから私は「ちっちゃいモーション」と言ったのだ。クイック・モーションとは、私が福本を刺すために考え出したものなのである。

——『野村の遺言』

球のキレ、制球力だけでない一流の証・稲尾和久

稲尾は「鉄腕」と呼ばれるだけに本格派のイメージがあるが、実は「技巧派」であった。

稲尾といえば切れ味鋭いスライダーだった。右バッターの外角へ、まさに滑《すべ》って消える。魔球のように思えた。ストレートは当てられないほどではない。凡打、三振させられてしまうのは、その球質に要因がある。

オールスターなどで実際にボールを受けて驚いたのは、捕球した瞬間にミットがボンと浮き上がる感覚になることだった。つまり球速、球威が最後まで衰えない、いわゆる「球がホップする」球質なのである。対して、現在の160キロ近い球速を誇る投手たちの球は、捕手のミットが下へ落ち込む。初速は速いが、打者の手元では力学通りに失速する。

——『私が選んだ プロ野球10大「名プレー」』

だが私にとってスライダーよりもやっかいだったのは、スライダーの直前に来るシュートだった。シュートに腰を引いてしまうことによって、外へ逃げるスライダーがより有効になる。ストライクゾーンを広く使われてしまうことになる。実際に稲尾もそれを意識していたそうで、マスコミ向けのコメントでは常に「スライダーがよかった、悪かった」としかいわない。実はシュートが切り札だということを隠していた。私があるとき、「稲尾、お前はシュートピッチャーだな」と話しかけたことがある。後日になって「ギクッとした。ノムさんはオレのことを見抜いていると思ったよ」といわれたものだ。

――『私が選んだ プロ野球10大「名プレー」』

稲尾はリリースの瞬間まで投げる球種を変えることができるといっていた。下半身がよく粘り、リリースまで時間を長く取ることができることもあるが、何よりも打者の気配を察することができるのである。それが観察力、洞察力。「あっ、シュートを狙っているな」とわかれば、即座にスライダーに切り替える。こうした能力を稲尾は持っていた。

――『私が選んだ プロ野球10大「名プレー」』

稲尾は観察力、洞察力に優れていて、相手の狙いを読み取り、リリースの寸前まで投げる球種を変えることができた。

その稲尾が長嶋の狙いを読み切れない。それはそうだ。長嶋は「ピッチャーはベースの上に投げてくる。それを打てばいい」という感性の人。それを豊富な練習量で鍛え抜いたスイングスピートと下半身の粘りが支えている。稲尾は（58年の日本シリーズ）第3戦を終えたあと、雨の一日に考えて考え抜き「長嶋さんは何も考えていないんじゃないか。本能でしかないのなら、オレも本能でいこう」と思ったそうだ。

――『私が選んだ プロ野球10大「名プレー」』

杉浦忠がよく話していた稲尾和久のエピソードに、こういうものがある。

1回表に稲尾が投げ、チェンジになったあと、杉浦がマウンドに向かうと、普通なら投球の際に踏み込んだ部分が掘られているのに、きれいにならされていた。杉浦は「初回だからかな」と思ったらしいが、2回裏も3回裏も同様で、しかもロジンバッグもきちんとプレートのすぐそばに置かれていた。

もちろん、稲尾が行っていたのである。杉浦は話していた。

「稲尾はどんなに打たれたときでも、きちんとマウンドをならしてからおれに渡すんだ。おれは打たれるとすぐカッカしたけど、稲尾はやさしかった。あの思いやりには頭が下がったものだ」

他人に対してどのような配慮ができるか。

これは一流と二流を分ける要素のひとつと言っていい。

――『野生の教育論』

〝本格派の中の本格派投手〟のもう一つの側面・江夏豊

言葉よりも背中や所作は、何より人の性格を表すものである。

たとえば、南海時代にチームメイトとなった江夏豊はその好例だった。力強いピッチングで、いかにも「豪胆な男」に見える。

しかし、彼ほど繊細な男はいない。

もちろん、本人がそういったわけではない。しかし、私はマウンドでの江夏のロージンバッグ（マウンドに置いてある、滑り止めの袋）の使い方を見て、それを確信した。

ピッチャーはたいてい、これをポンと地面に放り投げる。しかし江夏はロージンバッグを投げずに、いつも丁寧に地面に置いていたのだ。こまやかな神経を持った繊細さの証拠だ。

また、練習が終わったあとなどに四、五人で雑談することがあった。その中に江夏も入っていたわけだが、ついさっきまで上機嫌で話していたのに、突然ムスッとした表情で席を立つようなことがあった。あとで私が「どうして急に不機嫌になったんだ?」と尋ねると、「ある選手の言葉が気にさわったからだ」と言う。

「そんなもの、その場で直接言えばいいじゃないか」と笑い飛ばしたし、「お前がそんなことを言えた義理か」とも思ったが、こうした不器用な繊細さこそが江夏の本質なのだ。だからこそ、大胆ながら緻密な投球ができたのだ。

――『「本当の才能」の引き出し方』

稲尾をしのぐ別格のスライダーの持ち主・伊藤智仁

(私の教え子の中で)私が出会った最強の先発投手はトモだ。伊藤智仁《ともひと》。球がいい、テンポがいい、心意気がいい。ただ、2ケタ勝利をあげた経験はない。それでも伊藤だ。体型は手が長く、まるで投手をするために生まれてきたようだ。今度会ったとき、どのくらい長いか、私と比べてみようと思っている。

トモに匹敵する「高速スライダー」というのは、私の60年のプロ野球生活で見たことがない。スライダーは稲尾和久（西鉄）の代名詞だが、私が稲尾と対決して嫌だったのは実はシュートだ。打ちにいくのに踏み込もうとすると、グッと食い込んでくるシュートが邪魔だった。それを警戒するあまり、あのスライダーに余計に手こずった。

つまり、ことスライダーに関しては間違いなくトモが別格なのだ。

――『私の教え子ベストナイン』

自信家キャッチャーの意外な一面・古田敦也

私が現役引退後、現在に至るまでの代表的な捕手といえば、西武黄金時代の正捕手だった伊東勤、ヤクルトの古田敦也、横浜、中日で日本一を経験した谷繁元信、日本人捕手として初めて大リーグでプレーした城島健司、西武とソフトバンクで日本一になった細川亨、2012年まで3度日本一になった巨人の阿部慎之助の名が挙げられる。この6人にはチームを日本一に導いた経験がある。彼らのなかからひとりを選ぶとすれば、古田がベストキャッチャーだろう。

――『私が見た最高の選手、最低の選手』

(古田は)勝ち気で自信家、目立ちたがり屋の傾向があり、キャッチャーよりはピッチャー型の性格だった。

起用し始めのころ、私は「配球に困ったら、俺を見ろ」と言っていた。君(古田)はピンチになるたび、「サインを送ってくれ」と合図した。だが、いつまでもそれでは成長が遅れてしまう。あるとき、「お前に任せているんだから、ピンチになっても自分で判断してみろ」と言ってみた。自信家だから、どんどん自己流のリードをしていくと思ったのだ。すると君は、「大事な場面では、監督にサインを出していただいたほうが、間違いないと思います」と答えた。意外だった。謙虚に人の意見を聞き、プロとしてリードの幅を広げようという向上心が、「日本一のキャッチャー」へと成長させたのだな。

――『野村克也からの手紙』

「脇役の一流」がいるチームの凄み

野球というスポーツは筋書きのないドラマである。勝ちがあれば負けもある。光と影のコントラスト。それを演じる「主役」、そして主役を彩《いろど》る「脇役」で構成される。

何も本塁打して、高打率を残し、それだけを主役や一流というのではない。私がよく言う「脇役の中の主役」「脇役の一流」「超二流」だ。

（中略）

逆に、すべてが平均点というのが一番厄介だ。「走攻守三拍子揃った」という形容詞は、秋山幸二（西武、ダイエー）のように高いレベルであればいいが、「特長が乏しい選手」という事実に困ったマスコミがそう表現しているにすぎない。

――『野球のコツ』

V9の巨人は、確かにONをはじめ選手の「絶対値」が高かった。それは巨人の華やかな光の部分であっただろう。しかし勝利を支えていたのは、土井正三や高田繁のようにチャンスメークやつなぎに徹する脇役や、森（昌彦）のように相手の情報を細かく仕入れて分析し、試合に生かす陰の部分の選手たちの働きでもあった。

光と陰が、ともに作用し合ってプレーを紡《つむ》いでいく。そして相手を1点でも上回る。これが相対的なスポーツとしての野球において、「勝つ」ということである。

——『私が選んだ プロ野球10大「名プレー」』

通算犠打400で2000本安打という偉業・宮本慎也

正直、宮本が2000本を打つような選手になるとは、失礼ながら想像すらしなかった。

「こう言っては何だが、お前は自衛隊だ。その心は守るのみ。専守防衛。打順は八番をくれてやる。そのかわりバント技術を磨け。右打ちをせえ。一塁走者を進めろよ」

通算犠打は400を超える。右打ちは宮本の巧打の代名詞にもなった。打撃機会が単純に400減り、また走者を進塁させる右打ちの自己犠牲を重ねる中、2000本安打の偉業は価値も倍増するというものだ。

——『私の教え子ベストナイン』

宮本は野球をよく知っているし、努力家だから選手からの人望も厚い。将来、監督になる器だ、と感じている。稲葉（篤紀《あつのり》）も同じだ。2人には、「おまえたちが監督として日本シリーズを戦うのを見られたら、死んでもいいわ」と伝えてある。

――インタビューほか

自らの弱点を努力と工夫で克服した稲葉篤紀

ヤクルトの監督時代、まだ明治大学野球部だった息子の克則が、「たまには試合を見てくれ」というので、神宮球場に行ったことがあった。

しかし、私が見入ったのは、相手チームの法政大学の四番を打っていた稲葉だった。

（中略）

それ以来、気になる選手になっていたので、ヤクルトのスカウトに「（今度のドラフトで）稲葉を取ったらいいのではないか？」と伝えると、「一塁手にしては長打力がない」と返された。

「なら、外野で使えばいい」

私からそう頼み、ドラフト3位で指名してもらった。

うち以外にスカウトが来なかった稲葉は、入団発表のときに「プロ入りしたかったので感謝しています！」といっていた。

稲葉は感謝の気持ちを行動で示した。

（中略）

神宮の室内練習場に、毎回、誰より早く来てバットを振っているのは稲葉だった。用事があって「稲葉を呼んできてくれ」と頼むと、ロッカールームでもたもたしていたことはない。練習場に行けばまずつかまえられた。とくに慣れない外野を任せたことは、稲葉をより努力の虫にさせたようだ。

外野手に求められる能力は、突き詰めれば「確実にボールをキャッチして、素早く返球する」ことになる。

肩がそれほど強くない稲葉は、それを補うために守備位置にこだわった。「打球がどこに来るのか」を誰より早く予想して、確度の高い守備位置に立つ練習をしていた。努力の塊だ。

試合でもその姿勢は貫かれ、ファウルだろうが、全力で追いかけた。

（中略）

こうして稲葉はチームメイトからもファンからも愛される選手になった。2000本安打を達成し、名球会入りにふさわしい名選手になった。

――『番狂わせの起こし方』

超一流ピッチャーに共通する「遊び」・田中将大

長い野球人生で見てきた中で、屈指のスライダーの使い手と言えば、往年の大投手・稲尾和久と、私が監督を務めていたヤクルトで活躍した伊藤智仁が思い浮かぶ。

田中（将大《まさひろ》）は18歳の時点で、すでに彼らをほうふつさせるようなスライダーを投げていた。磨きをかけていけば、さらにすごい球になるし、このスライダーを最大限生かすことで、超一流ピッチャーになれる。

そう感じたからこそ、彼をドラフト1位で指名したのである。――『週刊大衆』2019年6月17日号

田中はご存じのように、13年に開幕からレギュラーシーズン24勝無敗1セーブという離れ業をやってのけた。日本シリーズ第6戦で敗戦投手となったとはいえ、不敗の絶対エースとして、プロ野球史にその名を残すことになった。

（中略）

私が考える「勝てる投手の条件」は以下の5点だ。

①原点能力（投手の原点、生命線である外角低めの直球の制球力）
②欲しいときにストライクを取れる複数の球種を持っていること
③会心の当たりを許さない（球威、制球力）
④内角へのボール球を投げ切る能力
⑤平均レベルの守備力とクイックモーションなどの技術

田中はプロ入り当時から、ほぼすべてについて水準以上だった。特にスライダーはプロに入って初めてのキャンプで見て惚れ込んでしまったものだ。

——『私が選んだ プロ野球10大「名プレー」』

「よく学び、よく遊べというだろう？　仕事も人生も遊びが大切なんだ」と私はチームの主力選手によくいったものだが、当然、田中にも話している。特に人間相手の遊び、銀座通いなどの夜遊びや麻雀などであれば、自ずと人間観察が必要になる。押すか引くか、攻めるか守るか、動くか待つか——。こうした「遊び」によって観察力、洞察力、感覚は磨かれていくものだ。

趣味はアイドルや競馬だという田中が「遊び」を増やしたかどうかは定かでないが、ピッチングそのものに自信をつけたことで、相手バッターとの駆け引きでは「遊び」が見られるようになった。

——『私が選んだ プロ野球10大「名プレー」』

身体能力と野球センスだけでない真の強み・大谷翔平

（大谷翔平の）二刀流が無理だと言ったのには理由がある。体力的にもそうだけど、打者としては手足が長すぎるんだ。投手にはいいけど、手が長いとインコースを捌《さば》くのに邪魔になる。ところが彼はそれを苦にしない。もう天才だよ。

（中略）

まあ、そうした気になる点はあるとしても二刀流で使ってみたくなる選手。

――『FLASH』2014年6月3日号

類いまれな身体能力と野球センス、加えて引きの強さ――当然、それらもスーパースター大谷の強さを支えている。

だが、彼をここまで輝かせた理由を、私は〝謙虚さ〟だと思っている。

（2016年の）日本シリーズで活躍するちょうど1年ほど前、ある雑誌で大谷と対談する機会があった。

そのとき、何より感じたのは、彼の謙虚な心だった。

たとえば、大谷は試合ごとに気になった点があれば「メモを取る」という。何でも貪《どん》欲《よく》に学ぶ姿勢があり、「読書を欠かさない」ともいっていた。言葉遣いもきわめてよかった。

これこそ大谷の強みだなと確信した。

――『番狂わせの起こし方』

野村克也データ 2

選手時代の年度別打撃成績

年度	所属球団	試合	打数	安打	本塁打	打点	打率
1954	南海	9	11	0	0	0	.000
1956	南海	129	357	90	7	54	.252
1957	南海	132	474	143	**30**	94	.302
1958	南海	120	451	114	21	79	.253
1959	南海	132	472	124	21	78	.263
1960	南海	124	430	125	29	88	.291
1961	南海	136	494	146	**29**	89	.296
1962	南海	133	489	151	**44**	**104**	.309
1963	南海	150	550	160	**52**	**135**	.291
1964	南海	148	558	146	**41**	**115**	.262
1965	南海	136	488	**156**	**42**	**110**	**.320**
1966	南海	133	474	148	**34**	**97**	.312
1967	南海	133	472	144	**35**	**100**	.305
1968	南海	133	458	119	**38**	99	.260
1969	南海	106	388	95	22	52	.245
1970	南海	130	481	142	42	114	.295
1971	南海	127	467	131	29	83	.281
1972	南海	129	473	138	35	**101**	.292
1973	南海	129	475	147	28	96	.309
1974	南海	83	265	56	12	45	.211
1975	南海	129	473	126	28	92	.266
1976	南海	119	429	117	10	57	.273
1977	南海	127	447	95	16	58	.213
1978	ロッテ	64	133	30	3	12	.226
1979	西武	74	194	43	5	22	.222
1980	西武	52	69	15	4	14	.217
通算	実働26年	3017	10472	2901	657	1988	.277

太字はリーグ1位

第3章

高く飛びたかったら、深くかがめ

〈報われる努力論〉

才能がないからこそ強くなれる

私はいつも「敗者」からのスタートだった。だから自分を磨かざるをえず、必死にもがき苦しんで、周りに追いつこうとしてきた。変わることを厭《いと》わず、頭と言葉を武器にしてきた。こうしてなんとかしがみつくことで身についた〝筋力〟のおかげで、この年になってもなお、現役のようにいろいろなところから声をかけてもらえているのだと思う。

一方で、学生の頃、プロ野球の現役時代、監督をしていた当時……周囲にいた才能あふれる者たちの姿は、あまり見かけなくなってきた。

才能がない。運がない。エリートではない。そんな人間こそが、番狂わせを起こす。

――『番狂わせの起こし方』

不器用な自分に誇りを持つ

器用貧乏という言葉があるように、器用な人は往々にして「これだけは誰にも負けない」という武器を持てずに終わる。器用なら器用に徹すればいいのだが、なまじ最初から何でもできるだけに、もっと技術を高めようという努力を怠りがちだ。

対して不器用な人間は何度も失敗を重ねるため、一定のレベルになるまでに時間がかかるが、そのぶん、必然的に努力しなければならないし、失敗のなかから学ぶことも多い。まさしく「ウサギとカメ」のたとえにあるように、長いスパンで見れば、不器用は器用に勝つのである。

――『そなえ』

「基礎づくり」で欠かせないこと

１軍で結果を残すような選手になるためには、きっちりとした「基礎づくり」が大切だ。

このときの「つくる」とは、「体づくり」、「基本づくり」、「自分の形づくり」の意味がある。

こういったことは、単純作業の持続でしか得られないものだ。面白味のない作業をコツコツ、コツコツ繰り返し、頭ではなく体に覚えさせていく段階だ。これは何もプロ野球の世界にかぎったことではなく、一般のどんな仕事においても同じではないだろうか。まず、「基礎づくり」の段階は、地味な作業を繰り返し行うことが求められるものだ。

その段階において、はたして単純作業を持続できる人間かどうかという点が、その後の飛躍に大きく影響してくる。

野球でいえば、素振りなどはそのいい例だ。


——『リーダーのための「人を見抜く」力』

「数を打つ」ではなく「多く振る」ことの重要性

人間には、習慣的要素、付属的要素、本質的要素と三つの要素があるといわれる。いうまでもなく、練習は習慣的要素にかかわるものだが、「素振り」を例に練習を考えてみよう。

くり返しの中でいい習慣をつけるのが練習の本義である。「素振り」ももちろんそうだ。

ところが、単純作業の反復である「素振り」は面白くない。そこで、どうしても楽しく面白いバッティングをやってしまう。本当は、きっちり振れることをクリアしないと打てるわけがないのに、ティーバッティングやマシンを使ってのフリーバッティングはとりあえず楽しいから、そちらに走ってしまうのだ。

今の二軍は、冷暖房完備だし、雨天練習場やら各種マシンやら何でも揃っている。一方、バットの素材はすばらしいし、ボールは昔よりずっと飛ぶ。

にもかかわらず、四十本のホームランをコンスタントに打つ打者が一人も出てこないのは、最も基礎である「素振り」をやっていないからである。〝衣食足りて苦しい基礎を忘れてしまったといえる。

――『ノムダス　勝者の資格』

たかが素振りと思うだろうが、素振りひとつとっても、テーマを決めて考えながら練習する必要がある。素振りは１回ずつ振幅音《しんぷくおん》を確認しながら出来不出来を判断したものだ。ボールを捉えるブ～ンという音ではなくブンッという音がでるまで何百回も素振りを繰り返した。これだけは自分で努力するしかない。コーチは足や腰、腕の動きなどバッティングの形は教えることができても、イメージや感覚は自分で摑《つか》むしかないからだ。

――『SAPIO』2013年1月号

「正しい努力」とは何か

努力をするにあたり、量か質かという議論がある。私に言わせれば「量も質も」である。両方大事だ。しかし、あえて言えば「量より質」よりも「質より量」だと言いたい。量をこなすうちに質が向上することはあっても、質を求め量が増えることはないからだ。

――『師弟』

「お前はファーストを守れ」

クビ宣告を免《まぬか》れた南海時代の2年目、私はファーストにコンバートされた。バッティングは評価されていたが、キャッチャーとしては肩が弱く、使いものにならないとされたのだ。そこで、私は二軍の練習後、遠投の練習を毎日繰り返した。

足の速さと肩の強さは天性のもので、鍛えても伸びないと言われる。しかし、体全体を使って投げる遠投は、コツコツ努力すれば必ず距離が伸びると聞いていたからだ。

ところが、いくらやっても、それほど距離は伸びなかった。投げても投げても、それまでとあまり距離が変わらなかった。

やはり肩は天性のものか……とあきらめかけていたある日、一軍のレフトだった堀井数男さんにキャッチボールをつきあえと声をかけられた。

相手は一軍のレギュラー。ちゃんと胸元に返さなくては……と思えば思うほど、緊張してボールが曲がって、おかしなところへ返球してしまった。

「おまえ、どんな握りしとるんや」

そう言われてボールの握り方を見せると、堀井さんは言った。

「バカタレ。プロのくせに握り方も知らないのか。そうじゃない」

私はそれまでボールの正式な握り方など知らずに過ごしていた。なんとなく感じていた握りやすさから、人差し指と中指をボールの縫い目にタテに沿わせて握っていた。しかし、これはいまでいうツーシームの握り方。真っすぐを投げたつもりでも、微妙にシュートやスライダーのように変化する握り方なのであった。

そこで堀井さんに教わった通り、縫い目を横にして人差し指と中指が引っかかるように握り直した。すると、驚くほどストレートは真っすぐ走った。堀井さんの胸元に、しっかりボールが届くようになった。

その後、遠投をすると私のボールは遠くまで伸びるようになった。正しい握り方を教わった途端、すべてが解決したのである。

そして3年目。この遠投が評価され、私はハワイでのキャンプに参加できた。ブルペン捕手だったが、親善試合で活躍して3割以上をマーク。鶴岡監督に認められ、レギュラーの座を勝ち取るに至ったのである。

努力は裏切らない。

よく聞く言葉だが、それは「正しい努力」であることが絶対条件だ。間違った努力を続けても力は伸びない。結果は出せない。

（中略）

正しく握ったボールを、正しく投げれば、それは必ず伸びるのである。

――『「本当の才能」の引き出し方』

即効性のない努力にこそ価値がある

そもそも、プロ野球に入ったことはスタートラインに過ぎないということに、気づかない。アマチュア時代の管理から解放されて、カネも自由になる。男は大抵、酒と女に走るね。夜中にバットの素振りをするよりも、横におねえちゃんをはべらかして飲んでるほうがよっぽど楽しいからな。オレも「バット振って一流になれるなら、みんななれるよ。それより遊びいこうぜ」と言われたけど動じず素振りを続けた。遊んでたやつらはみんな消えていった。

――『BIG tomorrow』2014年1月号

ただし、問題はこの努力には即効性がないこと。

素振りしてもいきなり打てない。配球を研究してもすぐには勝てない。そんな状態が長く続くと、選手は「この世界は素質だ」「私は才能がない」と思いたがる。要は努力という道から逃げたがるのだ。

そんなときに強いのが〝謙虚〟な人間だ。

「自分はまだひよっこだ」

そんな思いがあれば、「伸びないのは努力が足りないからだ」と素直に原点に立ち戻れる。

――『番狂わせの起こし方』

自分自身に「言ってはならない」3つの言葉

人は、自分自身に厳しく接するには苦手な生き物である。どうしても自分には甘くなってしまうし、疲れたら手を抜きたくもなる。しかし、その世界でメシを食べていこうと思ったら、そういった甘い考えは捨てなければならない。だから私は、次の3つの言葉を自分への戒《いまし》めとしてメモしていた。

「妥協」「限定」「満足」

「妥協」は、「まあ、このくらいでいいか」という自分自身への甘えである。「限定」は、「自分の力なんてこんなもんだ」という自分の力を勝手に低く判断してしまうことである。「満足」は、「もうこれくらいでいいだろう」と現状に満足してしまうことである。

自分の実力を今以上に伸ばそうと思ったら、そこには「妥協」も「限定」も「満足」もあってはならない。だから私はこの３つの言葉を「自分自身への禁句」として言い続けてきた。

――『野村メモ』

結果の９割は「準備」で決まる

３年目の春だ。南海は前シーズンに優勝し、褒賞も兼ねてハワイへキャンプに行った。キャッチャーができることを証明し、二軍である程度実績を残せた私もブルペンキャッチャーとして帯同できたわけだ。

ただ、このハワイで先輩たちは夜な夜な遊びほうけていた。一方、カネがない私はホテルでひとり、素振りばかりしていた。それがよかった。

当時控えのキャッチャーだった小辻英雄さんが遊びまくっていることに鶴岡監督がある日、激怒した。そして「野村、明日の練習試合は小辻の代わりに出ろ！」と声がかかった。望むところだった。私は毎晩、〝準備〟をしていたからだ。

幸運が重なったのは、相手のハワイのチームが日本の二軍以下のレベルだったことだ。私はカンカンとホームランを連発して、10試合全勝の立役者となった。

この活躍が評価され、帰国後監督に「ハワイキャンプは大失敗だった。ただ一つよかったことは、野村に使えるメドが立ったことだ」と認められたわけだ。

こうして私は3年目からレギュラーを獲得した。

もし、ファーストへのコンバートを受け入れていたらレギュラーの座はなかっただろう。正しいボールの投げ方を教えてもらえなかったら、その年に辞めていたかもしれない。ハワイで先輩と同じように遊んでいたら、試合に出るチャンスも得られなかったはずだ。

すべて紙一重。運がもたらした結果である。

ただし、その運は、すべて〝準備を怠《おこた》らなかった〟から引き寄せられたとも思っている。

――『番狂わせの起こし方』

「そなえあれば憂いなし」

毎日のように選手たちに言ったものだった。

たとえば、バッターボックスに向かうとき、どんな準備をするべきか。イニング、得点差、アウトカウント、ランナーの有無。最低限これらの諸条件くらいはどんなバッターでも考慮する。もう少しきちんとしたバッターなら、相手ピッチャーのタイプ、特徴、性格および心理状態などのデータを頭に入れておくだろう。

そうした状況をつき合わせた結果、「狙いはストレート」という結論が導き出されたとする。並みのバッターは、これで「準備が整った」と思ってしまう。しかし、私に言わせれば、これでは不十分なのだ。

「ストライクのストレートだけを狙う」

「ストレートを上から叩く（バットのヘッドが下がらないように）」

というように、二段構えの準備をすればヒットにできる確率がより高くなる。そこまでして、はじめて「準備が整った」と言えるのである。

——『そなえ』

人間、「鈍感」になると運も悪くなる

私の好きな言葉に「人間の最大の悪とは鈍感である」がある。

敏感に変化を感じる嗅覚《きゅうかく》のない鈍感な人間は、いつまでたっても結果を出せないというわけだ。

鈍感が悪である理由は、それだけではない。

鈍感な人間は、自らが間違ったやり方をしていることにも気づかぬ感性の鈍さを持っている。さらに失敗を繰り返す。そして改善や成長の手立てを自ら消してしまうのだ。

内野ゴロをうまくさばいたつもりだったが、ファーストへの送球が乱れた……。

こうした失敗には、必ず原因があるものだ。

敏感な人間は、そうした失敗の元になった自らの変化にも気づき、修正しようと思案す

る。しかし鈍感な人間は原因に気づけない。「調子が悪い」「運が悪かった」くらいで終わらせてしまうのだ。

私に言わせれば、それは〝調子〟でも〝運〟でもなくて、〝頭〟が悪いのである。

――『「本当の才能」の引き出し方』

感じる力のない人間は伸びないということになる。私は監督時代、よく選手たちの感じる力をこっそりと試していた。

選手たちがバッティング練習のためベンチを出ていく。そんなタイミングで私は、ベンチの前に無造作にボールを一つ転がしておくのだ。しばらくすると、練習を終えた選手たちがベンチに戻ってくる。そのときの反応をこっそり見るのだ。

足元にボールが転がっているというのに、まったく気づかないやつもいるし、気づいていてもまたいでいくやつもいる。こんな選手たちは、このままでは今後の成長の見込みもあまりないと思えてくる。

逆に、そっと拾って、もとあった位置に転がしていくやつ、戻していくやつは、細かな目配り、気配りができる選手で、それは些細なことに感じる力をもっている選手といえる。当然、前者よりは数段見込みがあると私は判断していた。

――『リーダーのための「人を見抜く」力』

楽天を特集したテレビ番組で、外野フェンスに沿ってランニングをしていた田中が、グラウンドに落ちていたゴミを拾い上げているシーンがあった。「見て見ぬ振りはできない」と田中は話していた。

嶋（基宏）も同じ番組で、「球場にゴミが落ちていたら拾うし、風呂場のサンダルがバラバラだったら並べ直す」と語っていた。

「躾《しつけ》」という字は、「身を美しくする」と書く。

その目的は、自分で自分を支配できる人間、すなわちセルフコントロールができる人間をつくることにあると私は考えている。

――『野生の教育論』

「見逃し三振」は責めない

野球の場合、打撃は3割打てれば好打者といわれ、7割の失敗が許される。つまり失敗だらけのスポーツなのである。

反対に考えれば、失敗を次につなげていくチャンスがたくさんあるということだ。失敗の原因を考え、対策を施す。これを続けていける者とそうでない者とでは、その後の成長に大きな差がつく。

――『一流のリーダーになる野村の言葉』

「野村監督は、見逃し三振を責めない」とよく驚かれた。根拠を持って見送り、その結果見逃し三振を喫した場合のことだ。投手は、打者をツーストライクと追い込むと、勝負球を投げ込んでくる。ごく一部の天才打者を除き、ある程度ヤマを張らなければ打ち返せない。だから私は「読め」という。「読め」と指示した以上、読みが外れてもミスだと責めることなどできない。

――『野村克也　野球論集成』

見逃し三振をした時に、どうしてそうなったのかを考え、修正する。あー失敗した、次だ、次だと終わらせない。野球は簡単に考えてもできるし、深く考えてもできる。どっちを選択するかですよ。これは他の仕事でも同じ。人間の最大の悪は、鈍感なんだ。「感じ、考え、備える」これを放棄したら終わりだね。俺は現役時代、ストライクは3つではなく、1つしかないと思って備え、打席に入っていた。3つもあると余裕を持つと雑になる。

――『BIGtomorrow』2014年1月号

強かった時代の巨人や西武がミスをまったくしない、隙のない完璧なチームだったかと言えば、そうではない。どんなに強いチームであってもミスはする。問題は、ミスをしたあとの態度だ。弱いチーム、大事なところで勝ちを逃すチームには、ひとつの特徴がある。それは、ミスをしても笑ってごまかしてしまうことだ。万年Bクラス（4位、5位、最下位）に甘んじているチームは決まってそうだ。

（中略）

しかし、仮にもプロの選手であるなら、ミスや失敗は「恥ずかしいことである」と感じなければ失格である。恥ずかしいと感じるから、「二度とミスはしない」と思う。さらに「では、どうすれば失敗を回避できるか、自分の技術を改善し向上できるか」と考える。つまり、恥の意識が努力へと向かわせるのである。

――『短期決戦の勝ち方』

失敗を成功に変えられるか、負けや挫折を勝ちにつなげられるか、それを最後に分けるもの――それはやはり、「頭脳」であると思う。言い換えれば、どれだけ考え、知恵を振り絞ることができるか、ということだ。

（中略）

失敗し、壁にぶつかるたび、徹底的に考え、知恵を振り絞ることで、失敗や挫折や負けを糧《かて》にすることができたからこそ、いまの私がある。

――『負けかたの極意』

一流ほど言い訳をしない

問題や責任を指摘されたとき、それを反省材料にしようという向上心があれば、弁解や言い訳はしません。「だって」、「調子が悪かった」、「おれのせいじゃない」などと弁解や言い訳をするのは、責任転嫁です。責任を認めない人間は、反省しないし、自己改革や修正も拒否するでしょう。きっと同じ間違いを繰り返します。

一流の証明は弁解をしないこと。二流は、いつも責任を他人に押しつける。

――『憎まれ役』(野中広務氏との共著)

「負けに不思議の負けなし」。負けには、必ず負けにいたった原因が潜んでいる。たとえ偶然のように見えても、あるいは不運のように見えても、突き詰めれば必ず負けを招いた理由は発見できるものだ。

それを「運が悪かった」のひとことで済ませてしまうようでは、同じ轍《てつ》を踏む確率が高くなる。つまり、また次に負けてしまい、さらにその次も……というように悪循環となってしまうのだ。

戦国時代の武将である武田信玄は、こんな名言を残している。

「一生懸命だと知恵が出る。中途半端だと愚痴が出る。いい加減だと言い訳が出る」

――『一流のリーダーになる野村の言葉』

壁にぶつかったときの切り替え方

スランプや壁にぶつかったときも同様である。やはり自分がかわいいゆえ、ちょっとのことで「もうダメだ」とあきらめてしまう。そんなときこそ、「まだダメだ」と考えるようにしなくてはならない。「まだダメだ」と考えるならば、自分の努力が足りていないのだ、もっとがんばらなければと、自分で自分の背中を押して挑戦を続けることができる。自分の最大の敵は自分自身であり、それに勝てるかどうかで、その人の人間としての器が試されているのである。

――『老いの可能性』

進化とは「変わることを恐れない」ことである

恥をかき続けた27年間を終わってみて、「人間は、恥ずかしさという思いに比例して進歩するものだ」と気がついた。「恥ずかしい」と感じることから進歩は始まる。

――引退のときの言葉

必死になって努力しても結果が出ないことは、誰にだってある。そんなときは、変わるしかない。しかし、変わるには勇気が必要である。それまでの人生経験で蓄積されたものや価値観がおびやかされるかもしれないという恐怖心を、抑え込む必要があるのだ。わたしは選手たちに、変わるときの心構えとして次のように説いた。

変わることは進歩であり、
成熟することである。

変わることに楽しみを見出せ。
変わることは失うことではなく、
なにかを得ることだ。

もうひとつつけ加えるとすれば、変わることに年齢の壁はない。その気になれば、人間はいくつになっても自分を変えることができる。

――『野村の悟り』

普通、実績を残してきた選手は変化を嫌いがちだ。培ってきたスタイルを変え、成績が落ちたときのことを考えてしまうからだ。

（イチローは）メジャーの野球に対応するために、代名詞だった振り子打法を捨てたのをはじめ、イチローは毎年、バッティングフォームに手を加えていた。

しかしイチローは違った。進歩するためには、変化も恐れない。だからこそ、イチローは日米で前人未踏の成績を残せたのである。イチローのようなバッターは、おそらく今後も出てこないだろう。

――『週刊大衆』２０１９年６月10日号

私が監督になる前から、池山（隆寛《たかひろ》）はヤクルトのスターだった。思い切りフルスイングして、豪快なホームランを狙うのが彼のスタイル。同時に三振も量産していたが、それも含めて、確かにファンの心を捉えていた。「ブンブン丸」などとマスコミからも持ち上げられていた。

しかし、私は彼を見ていて、チームより自分を優先するその姿勢に危うさを感じた。チームの中心選手が自分中心では、周囲がやる気をなくすことにつながりかねない。「自分の成績や見栄えを優先している」と悟ったときに、ほかの選手はその選手を手助けしようとしなくなる。チームとしての士気が乱れるからである。何より、それではバッティングセンスとスター性を持った池山という選手の将来が短いものになると考えた。

そこで、私は忠告したのだ。

「ヤクルトの中心選手であるお前が三振ばかりしていたら、チームはどうなると思う？ブンブン丸ともてはやされるのはうれしいかもしれないが、まずはそれは封印してチームのためのバッティングをしてみろ」

自分の個性を捨てろと言われたようで不愉快だったはずだ。

しかし、池山はその後、きっぱり自分を変えた。

無駄なフルスイングは避けて、チームと試合状況に適した、確実なバッティングを目指すクレバーなバッターへと変貌した。真にチームの中心選手となり、ヤクルトのチーム力を一段押し上げた立役者となった。

――『「本当の才能」の引き出し方』

自分を高める、生きたお金の使い方

私が意識したカネの使い方が二つあった。

一つは「自己投資」だ。当時は日本で見られなかった「本当のメジャーリーグ」を見るために、自腹で米国視察に行った。引退後、評論家として、また監督として成果を収められたのは、ちょっとした自分への投資の積み重ねの上にある。

そして二つ目は、「他人にカネを使う」ことだ。

選手時代、時に選手同士で食事に行くことがあった。私たちの時代は「一番稼いでいるヤツが払う」のが暗黙のルールだ。だから南海では私が払うことが多かった。酒は飲めないから、カネだけ払う損な役回りだった。

ただ、こうしたちょっとした行動を人は見ている。中心選手やベテラン選手がケチな態度を見せると「あいつは自己中心的だ」と思われる。それでは、この人についていこうなんて思えるはずがない。中心選手、リーダーはケチではダメなのだ。

（中略）

つまるところ、カネというのはいかに使おうが、「いつかは自分の人生に跳ね返ってくる」ものなのだろう。

――『番狂わせの起こし方』

野球も人生も「遊び」で磨かれるものがある

真面目一辺倒の選手は伸びない。常識に縛られ、発想が貧弱になる。「不真面目」と書くと誤解を生むので、「非真面目」になれと言いたい。少し考え方に遊びがあるくらいで丁度いいのだ。

夜の街に繰り出すのもいいだろう。ただし、「遊び人」になってはいけない。「遊び上手な人」になりなさい。両者の違いは、要は時間の使い方である。遊び人は、時間感覚がルーズで仕事の時間までつぶして遊んでしまう人のこと。遊び上手な人とは、仕事モードと遊びモードの時間を使い分け、かつ遊びで得たものを仕事に生かす人のことである。

――『師弟』（宮本慎也氏との共著）

（南海に移籍してきた）江本は「不マジメな優等生」というか、そんな印象でしたね。エースというのは、マジメ一本では向かない。実力のある優等生で、しかも不マジメなところがないと大成しない。不マジメさが、余裕とか幅、線の太さにつながっているんですよ。

――『再生力』（田原総一朗氏との共著）

野村克也データ 3

選手時代の獲得タイトル＆記録

MVP	5回	1961年、1963年、1965年、1966年、1973年
三冠王	1回	1965年 ※戦後初
首位打者	1回	1965年
本塁打王	9回	1957年、1961 ～ 1968年 ※9回獲得、8年連続獲得はいずれもパ・リーグ記録
打点王	7回	1962 ～ 1967年、1972年
最多安打	1回	1965年
ベストナイン	19回	1956 ～ 1968年､1970 ～ 1973年､1975年、1976年 ※通算19回受賞は、史上最多
連続シーズン2桁本塁打	21年	歴代1位タイ
通算サヨナラ本塁打	11本	パ・リーグ記録
通算サヨナラ安打	19本	パ・リーグ記録
通算本塁打	657本	パ・リーグ記録 ※捕手としての世界記録
オールスターゲーム出場	21回	史上最多
オールスターゲーム通算安打	48本	歴代1位
オールスターゲーム通算二塁打	15本	歴代1位
ダイヤモンド(ゴールデン)グラブ賞	1回	1973年

第4章

リーダーとは嫌われる勇気

〈人を伸ばすリーダーシップ論〉

チームを変えるためにリーダーに必要なこと

「組織はリーダーの力量以上には伸びない」

私はよく口にする。これは組織論の大原則である。その組織が成長するかどうかは、リーダーの力量にかかっているということだ。

ということはつまり、リーダー自身が成長しなければ、組織も成長しないということになる。

プロ野球チームにおける現場のリーダーとは誰か。監督である。監督自身が成長しようとしなければ、チームも成長しないのである。チームを変えるためには、まず監督が変わらなければならないのだ。

そのためには、選手に対する以上に自分自身を厳しく律し、つねに進歩しようという気持ちを持ち続けなければならない。

――『暗黒の巨人軍論』

チームづくりの基本の「キ」

私がチームづくりの基本としている大原則が、「中心なき組織は機能しない」という考え方である。チームが円滑に機能するか、機能不全のまま破綻《はたん》するかは、中心にいる看板選手にかかっていると言ってもいい。

強いチームほど、中心選手が機能すれば勝つ。頼りになる四番バッターがいるだけで、打線は破壊力を増すし、投げれば8割以上の確率で勝ってくれるエースがいれば、それだけでローテーションは楽に回る。

しかし、私が言う中心選手とは、ただ打てばいい、ただ投げて抑えればいいというものではない。チームの「鑑《かがみ》」でなければならない。野球に取り組む姿勢はもちろん、日頃の練習態度、自己管理など、あらゆる面においてチーム全員の選手の手本とならなければ十分ではない。

――『短期決戦の勝ち方』

選手をほめるより大切なこと

南海時代は自慢ではないが、私はチームの中心にいて三冠王を取ったこともある。にもかかわらず、鶴岡監督はいつも私を叱りつけた。

「お前はゼニにならん選手や」

「何が三冠王じゃ。チームに貢献したのはピッチャーの杉浦だけだ」

と散々だった。

しかし、理不尽に叩かれるたびに、私の中の負けじ魂には火がついた。

「なにくそ！」

「見返してやる！」

いわば反骨心がエンジンになったのだ。

人は評価で生きているものだ。他者、とくに監督や上司といった目上の相手に認められたいという強い欲求を誰しも持っている。だからこそ、上に立つ者は、その欲求を安易に満たそうとせず、反作用として厳しく接することが大切というわけだ。

――『「本当の才能」の引き出し方』

ほめ方にはコツがある

私など、鶴岡監督に褒められたのは、たったの一度だけであった。

いまも忘れぬ入団3年目の1956年。高卒で入った私は1年目は少しは一軍で使われた（ブルペン捕手をしていたので、大差のついた試合などでは打席に立たせてもらえた。当時は一軍登録などの細かい規則がなかった）が、2年目は二軍落ちして一軍での出番がまったくなかった。だが3年目の春のキャンプからは再び一軍でチャンスをもらえた。しかし半信半疑。

「またすぐ二軍に落ちるのでは？」

という不安に襲われていた。

そしてオープン戦の最中でのことだ。

大阪球場の通路で鶴岡監督とすれ違った。「おはようございます」と挨拶しても、普段ならたいていは無視。よくても「おぅ」といった程度しか返されなかった。

ところが、その日だけは違った。

「おぅ」のあとに、「お前、ようなったの」と続いたのだ。

骨の髄《ずい》まで言葉が響いた。「見ていてくれたんだ」とうれしかった。がんばろうと発奮できた。27年も現役を続けられたのも、「また褒められたい」「見返したい」という思いが少なからずあったことは間違いない。まあ、その後ふたたび、褒められることはなかったわけだが……。

いずれにしても、部下を発奮させるのは、軽々しく使われるような、いかにもな褒め言葉ではない。指導者が褒めるときは、何よりもタイミングが大事で、慎重に使うべきなのだ。

――『「本当の才能」の引き出し方』

声をかけるタイミングをはかる

「人間は、無視・賞賛・非難の順で試される」

これは、野球のみならずすべての分野で共通する、人材育成の原理原則だと私は考えている。

すなわち、箸にも棒にもかからず、まったくお話にならない状態のときは「無視」。少し見込みが出てきたら「賞賛」する。そして、組織の中心を担うような存在になったと認めたら、今度は「非難」するのである。私はそういうふうにして選手たちに接してきた。

これには、私自身が南海の監督だった鶴岡一人さんに、まさしくそのように育てられてきたという影響も大きい。

──『そなえ』

また、声をかけるタイミングも計るべきだ。

たとえば、技術についてアドバイスするときは、「すぐには教えない」ことが大切だ。

人が進歩するのは、つまるところ、「変わる」ということだ。

上司や監督はそのためにアドバイスをするだろうが、人は変わることを基本的に嫌がる。

これまでの自分を否定するような気がするからだ。

だから頭ごなしに話してしまうとうまくいかない。仮に口では「はい」「わかりました」と返事をしても、心の中では拒絶反応を示している場合がほとんどだろう。

コツは相手が自ら思い悩んでいるときを見逃さずに声をかけることだ。

「この状態から抜け出したい」

という強い思いを抱いているときは、人の声を聞き入れる心の門が開いている。そうなったとき、人は乾いたスポンジが水を吸い取るように言葉を染み込ませていくものだ。

——『「本当の才能」の引き出し方』

〝教えない〟コーチこそ名コーチ

監督業をはじめて以来、私はいつもコーチに言ってきた。

「〝教えたい〟というおまえたちの気持ちはよくわかる。だが、まずは選手にやらせてみろ。『あいつは何もしない』と言われようとも気にするな」

人間は、失敗してこそ自分の間違いに気づくものだ。自分で気づく前に何か言われても、真剣に聞く耳を持たない。たとえ聞いたとしても頭には入っていないことが多い。やってみて、失敗してはじめて、自分のやり方は間違っているのではないかと考えるのである。

――『野村再生工場』

メジャーリーグに「教えないコーチが名コーチ」という言葉があります。しかしそれは、何を聞いても教えてくれないという意味ではありません。コーチからは何もいわない代わりに、聞きに来た選手に対してはとことん指導する。選手自身の問題意識を高めるという指導法であって、指導をしないという意味ではない。要は、監督やコーチは相談員、カウンセラーのようなものなのです。

――『Ｖｏｉｃｅ』２００９年２月号（二宮清純氏との対談）

強いチームに共通する人間力

私は、同じキャッチャーとして親交があった森昌彦（祇晶《まさあき》）に、最初に監督になったときに聞き出した覚えがある。

「（V9という偉業を成し遂げた）川上巨人の強さの秘密は何だ？」

と。

すると森は、「とにかくミーティングをよくやる」と教えてくれた。

しかも、その内容は野球に関することではなかったと言う。

「人間とは何か？」

「社会とは何か？」

まさに人の世の原理原則を探るような、人間学、社会学を選手たちに考えさせていた、というわけだ。

考えてみれば、川上さんは福井県の永平寺にしょっちゅう行って座禅を組み、修行するような人だった。よき野球人である前に、よき社会人、よき人間であることが大事だと誰よりも実感していたし、実践していた。同じ思いを、あのすばらしい能力を備えたＶ９時代の巨人のメンバーに伝えていたのだ。

「人間として尊敬できる人物」に、監督が率先して近づこうとしていたのだろう。そしてチーム全員が、その背中を見ていた。

いつまでも私が目指す組織作りの基本が、川上巨人にはある。

――『「本当の才能」の引き出し方』

「恐怖」については、川上さんが監督になったとたん、チームにピーンと張りつめた空気が流れたことで明らかだし、ＯＮでさえいっさい特別扱いしなかったことから、その「強制力」がいかほどのものだったか想像に難くない。

――『私のプロ野球80年史』

ミーティングに長嶋が遅れたうえに、何も持たずに手ぶらで現れた。すると「長嶋君、筆記用具はどうしたんだ？　取ってきなさい」と部屋まで取りに戻らせて、長嶋が戻ってくるまで他の選手を待たせていたそうだ。

長嶋であろうと、王であろうと容赦なく「悪いものは悪い」と注意をしたという。

——『由伸・巨人と金本・阪神　崩壊の内幕』

では、野球選手になぜ人間教育が大切なのか。

「人間的成長なくして技術的進歩なし」——私はいつも選手にそういっている。仕事と人生を切り離して考えることはできない。仕事を通じて人間は形成される。仕事を通じて人間は成長し、成長した人間が仕事を通じて世のため人のために報いていく。それが人生であり、人がこの世に生を受けることの意味だ、すなわち人生とは「人と生まれる」「人として生きる」「人として生かされる」と私は理解している。

そのように考えれば、当然野球に対する取り組み方が変わってくる。取り組みが変われば、おのずと結果も変わってくる。それが、私が「人間とはなんのために生きるのか」とたびたび選手に問いかけ、プロセスを重視する理由である。

——『あぁ、監督』

「プロなんだから結果を出せばいい」

そう思って人間教育を重視しない人がいるとすれば、それは間違いだ。もちろん、プロ野球は結果が第一。だが、ただ技術を磨けばいい、結果だけを追求すればいいのではなく、その前提には人間としての成長が欠かせない。

「人間的な成長なくして技術的進歩なし」

かくいう私もそれほどできた人間でもないし、人間教育だ何だと偉そうなことを言える資格はないのかもしれない。だが、それでも監督として組織を率いる立場になったからには、人間教育の重要性を忘れたことはない。人として成長すれば、おのずと自らの野球哲学を持つようになるし、そうすれば技術的な成長もついてくる。それが正しい順番なのである。組織のリーダーにとって、忘れてはならないことだと思う。

――『弱者の流儀』

人間は礼に始まり礼に終わる。例えば引退した先輩が評論家になってキャンプや試合の取材にやってきたら、きちっとあいさつするように、選手には厳しく言ってきた。

これは好き嫌いは関係ない。あいさつをしなかったら礼儀知らずだと思われるのだから、やっておいて損はない。

年末年始のあいさつでも同じ。たかが年賀状、されど年賀状で、年賀状も出さないような礼を欠いた者が、いい指導などできるわけがない。

（中略）

監督は小事細事が大切。「小事細事なくして大事なし」というのが私の考えだ。小事細事を大切にするから、仕事ができる。人間教育なんて野球には関係ないと思われるかもしれないが、そんなことはない。選手の人間教育は、必ずプレーにつながってくる。

――『由伸・巨人と金本・阪神　崩壊の内幕』

指示とは「HOW」を授けるもの

私は、「ツボ」「コツ」「注意点」を使い分けながら、その選手に応じて指導するように心がけてきた。

「ツボ」とは、たとえば相手の弱点や癖《くせ》、相手バッテリーの傾向や狙うべき球種などである。「コツ」とは、打つ、走る、投げる、守るといった技術的なこと。「注意点」とは、これだけは絶対にやってはいけない、細心の注意を払うべきポイントである。

――『野村の悟り』

よく作文で「5W1H」と言う。仕事にも「5W1H」は必要なものだろうが、指示は「HOW」を授けるものだ。「思い切っていけ」は、単なる願望の裏返しでしかない。先に述べたが、私は「選手はわかってくれるだろう」という「だろう野球」が大嫌いだ。

仕事を部下に任せるときには、指示本来の目的を考えなければいけない。指示することによって、部下の責任を軽くしてやるのだ。部下に全責任を負わせないために、指示によって負担を引き受けてやる。それによって部下は「失敗したら○○さんの責任なんだから」と、「思い切って」目の前の困難な仕事にぶつかっていける。

――『人生に打ち勝つ　野村のボヤキ』

ミスしたときにわかる伸びる選手

失敗した選手でも、こいつは我慢したら働く、伸びてくれると思えば、辛抱します。三振して帰ってくる選手の顔をじっと見てみると、悔しい顔をして帰ってくる若い子はね、見込みがある。あっけらかんとしているのはダメだね。なぜダメだったのかを考えられる人には､次のチャンスを与えたいと思う。

――『PRESIDENT』2010年11月1日号「野村克也 vs 飯島勲」

監督に就任した当初、ヤクルトは仲良しの家族集団のようでした。あるレギュラー選手がミスをしてベンチに帰って来たとき、控えの選手が「ドンマイ、ドンマイ」と元気づけようとしました。私には、おたがいの傷を舐《な》めあうアマチュアのような態度が許せず、激怒しました。

「ミスを笑って許すとはなにごとだ！　だから同じ失敗を繰り返す。ミスをするから負けるんだ。傷の舐めあいは、闘うプロ集団のやることではないッ！　プロは、ミスは許されないのだ」

私が目標にしていたV９時代の巨人は、敵と戦う前にチーム内で熾烈《しれつ》なレギュラー争いがあり、エラーやミスを犯すと、味方のベンチからも野次が飛んだそうです。

――『憎まれ役』（野中広務氏との共著）

失敗には活かし方がある

私がヤクルトの監督になって4年目に、「ギャンブルスタート」という作戦でチームを躍進させたことがあった。「バッターのバットにボールが当たった瞬間、ランナーは見切り発車でスタートを切る」という奇策だった。

このとき、バッターが運悪くライナーやフライを打ってしまったらダブルプレーになる可能性が高い。イチかバチかの作戦なのだ。だからギャンブルスタート。

じつはこの策、前年の日本シリーズ第7戦での失敗から生まれたものだった。

七回裏、同点一死満塁の場面、ヤクルトは勝ち越しのチャンスだった。バッターがセカンドゴロを打った。一、二塁間の当たりだったので、二塁手がうまく捕ったとしても、三塁ランナーは楽々ホームインできる状況だ。

しかし、三塁ランナーだった広沢克己《かつみ》（克実）は間一髪、ホームでアウト。驚きのアウトである。結局、そのあとに西武に勝ち越し点を取られ、日本シリーズは3勝4敗で敗退することになる。

（中略）

試合後、勝負の分かれ目となったプレーを振り返って、自分に「なぜだ？」と問うた。広沢は足が遅い。また、ライナーによるダブルプレーを恐れてスタートに慎重になったことも大きかった。

足が遅いのを克服するのは限界がある。では、何ができるか？

「見切り発車」だった。足が遅い分、早いスタートでカバーすればいい。そして、選手がスタートで躊躇《ちゅうちょ》しないように、ベンチからの指示にしてやればいい――。

その狙いは翌年のシーズンで次々に功を奏することになる。おもしろいようにギャンブルスタートが成功し、それもあってヤクルトはリーグ連覇、日本シリーズでも西武に雪辱し、念願の日本一を獲得することになる。

失敗や失策を「ドンマイ」や「何やってんだ！」で終わらせてはダメだ。失敗やミスを掘り下げることが、次に立ち上がるためのスタートなのだ。

――『番狂わせの起こし方』

野村再生工場の要諦は「あきらめる」こと

変わらなければ人は成長しない。進歩とは変わることである。変わることができない選手は、やがて変わる勇気を持ったほかの選手に追い抜かれてしまうことになるだろう。自分は「現状維持でもいい」と思っているのかもしれないが、みんなが成長を目指して戦っている競争社会において、現状維持であることは後退を意味するからだ。

逆に前の球団で「戦力外」の烙印《らくいん》を押されて移籍してきた選手は、変わるための「勇気」を持つ必要さえなく、大胆に変わることができる。変わらない限り、自分には未来がないことがよくわかっているからだ。これはどん底を味わったことのある人間、苦労をしてきた人間ならではの強みである。

だから一度落ちた選手を再生させるのは、そんなに難しいことではないのである。彼らの危機感と悔しさを利用しながら、ほんのちょっと「気づき」になる言葉を与えてあげればいいだけなのだ。

――『理は変革の中に在り』

わかりやすい例が、遠山昭治《とおやましょうじ》(99年からの登録名は奬志)というサウスポーのピッチャーである。

ロッテを解雇されたあと、1998年にあらためて入団テストを受けて阪神に復帰したという、実に反骨心あふれる男だった。

とはいえ、当時、ピッチャーとしてはもうパワーが落ちていた。ストレートとスライダーしか球種がなく、かつては球威で押し切れていたが、もうそうはいかなくなっていた。これまでのスタイルを変えるしか生きる道はなかったわけだ。

そこで私は、「サイドスローに変えろ」「ワンポイントリリーフを目指せ」「シュートを覚えてインコースを攻めろ」と、すべてを変えるように指示した。

遠山にとっては自分を否定されたように聞こえただろう。

厳しかったと思う。

しかし、遠山は「はい」と素直に受け入れて、自分を変えた。

とくにサイドスローは大きな武器になった。左のサイドスローほど左打者にとって打ちにくいものはないからだ。

そしてフタを開ければ、生まれ変わった遠山はこの年、松井秀喜を13打席無安打に抑えて、「ゴジラキラー」の異名を取るまでになったのを覚えている人も多いだろう。

――『「本当の才能」の引き出し方』

世間的には〝終わった〟と見られていた選手たちを再び活躍させたことで、私は「野村再生工場」といわれてきた。

その始まりは、南海時代に巨人から移籍してきた山内新一と松原明夫（後に福士敬章《ふくしひろあき》）という二人のピッチャーを再生したことだった。

そもそも巨人にいた選手。どちらも実力は保証済みだった。ただ、2人ともかつてより球威は落ち、力のある速球は投げられなくなっていた。

ところが、投手は速球にこだわるものだ。しかし体がついてこないから力むだけになり、コントロールまで悪くなる。とくに山内はその傾向があった。

だから、私はその「速球への思い」をあきらめさせた。

南海の練習に参加した2人に私がまずさせたのは、「バッティングキャッチャー」だった。バッティングピッチャーに100キロほどの遅い球を投げさせ、打者の後ろでそれを捕らせた。

すると、気づく。ゆるいバッティングピッチャーの球でも、投げるべきコースにバシッと投げ込めば四番打者でも封じられる。コントロールさえあれば、球は遅くても十二分に戦える。普段見ることのないキャッチャーの立場から、その現実をまざまざと認識させた。体に教え込ませたのだ。

——『番狂わせの起こし方』

短期決戦でもそうだが、何ごとも〝初戦〟が大切。最初が肝心なのだ。

山内も松原もここで変わった。速球へのこだわりを「あきらめた」のだ。

コントロールを意識して、フォームのバランスを重視するようになった。自然とコントロールは冴えを見せた。

あとはキャッチャーである、私のリードで何とかなる。そんな自信もあった。

実際、どうなったか。

山内は南海1年目で20勝。松原も7勝を挙げてパ・リーグ優勝の立役者となった。とくに山内には日本シリーズ進出をかけた大事なプレーオフ第5戦の先発を任せた。

――『番狂わせの起こし方』

かつての豪腕、バッターが真っすぐとわかっていても打つことができない「超本格派投手」だった江夏も、（阪神から南海にトレードされてきた時点で）うなりをあげる速球を投げていた左肩は壊れかけていたうえ、左腕の血行障害に苦しみ、50球も投げれば握力が落ちてしまうようになっていた。

（中略）

私は「もう完投は無理だ。リリーフをやってほしい」と江夏に告げた。

江夏はいった。「監督は2度もオレに恥をかかせるのか。阪神から南海へトレードされてきたのが1度目。今度は先発を辞めろというんか」。まだ分業制が確立されたとはいえない時代だった。阪神のエースとして先発完投を旨としてきた江夏にすれば、無理もない考え方でもあった。

だが、私も必死だった。栄光も屈辱も味わってきた江夏に、なんとかもうひと花咲かせてやりたい。（中略）江夏がこのポジションに収まれば、チームの編成上もベストだと考えていた。

だから、こんな言葉が口をついて出た。

「プロ野球に革命を起こしてみんか？」

これからのプロ野球は、役割分担が必要になる。何がなんでも先発完投という時代ではなくなる。抑え投手が必要なんだ、と口説いたのである。

江夏は、しばらく黙り込んだあと、

「革命、か……」

革命という言葉に江夏は強く感じるものがあったようだ。後に「ノムさんから革命という言葉が出なかったらリリーフはやっていなかった」と述懐している。

1977年、19セーブを挙げて最優秀救援投手に輝いた。——『私が選んだ プロ野球10大「名プレー」』

一流選手にほどシンプルに伝える

イギリスを七つの海の支配者に導いたネルソン提督《ていとく》は、どの海戦に臨んでも下す命令はたった一つ、常に「全軍突撃セヨ」だったという。

このように、尊い知識・本質はいつの世でも、本来、単純明快なのである。

ところが残念ながらプロ野球界には、単純なことをむずかしく表現したり教えたりすることが名コーチの条件と誤解する空気がある。

これは数年前のことだが、巨人・原（辰徳《たつのり》）の素振りを見ていた某打撃コーチが、腕組みしたまま、

「うーん、改善点が二十数カ所あるな」

といったという。

恐らく原は「アホか、このコーチは」と内心でバカにしたはずである。

バッティング理論が何十あるか何百あるか数えてみたことはないけれども、究極は「素

早く振り抜いてボールを遠くに飛ばす」ことに収斂《しゅうれん》される。すべては回り回って単純なことにたどりつくのである。

一流選手とは、その本質――〝複雑の中の単純さ〟――にいち早く気づき、実践する人間を指す。いい換えれば「〝やさしい〟――〝むずかしい〟」の微妙な相関関係を見通す力をもった人間が一流選手なのである。

――『ノムダス　勝者の資格』

リーダーは孤独なくらいでちょうどいい

私は南海のプレーイングマネージャー時代から楽天に至るまで、監督時代は一度たりとも選手と食事に行くことはなかった。

選手の仲人を引き受けたことも一度もない。グラウンド以外で親睦《しんぼく》を深めるようなことはまったくしなかった。

理由は二つある。

一つは個人的に仲良くなると、監督が持つべき厳しさがゆるむからだ。「かわいがっているから多少打てなくてもいい」。仲良くなれば、こうした人情が働くのは当然のことだ。ならば、最初から互いの距離を近づける必要などない。むしろ近づくことで、いうべきことがいえない関係性を築いてしまうことになるわけだ。

（中略）

もう一つの理由は、私の経験が大きい。

南海で選手をしていた頃、私以外の選手、とくに六大学の出身者は当時の鶴岡監督によく食事に誘われていた。

（中略）

そのときに決めた。

自分が上に立ったら、ひいきはしない。グラウンド以外で特定の選手とつきあい、他の選手の気持ちを揺らし、チームの和を乱すようなことは一切しない、と。

――『番狂わせの起こし方』

人を遺してこそ真のリーダー

私がプレーイング・マネージャーだった72年オフ、川上さんから電話があった。

「長嶋茂雄の後釜として、南海の三塁手・富田勝をトレードで譲ってくれないか」

赤坂の料亭で会って話し、山内新一投手と松原（福士）明夫投手の二人と交換することになった。そのとき川上監督は長嶋（私と同い年）を同席させた。

「長嶋はいずれ巨人の監督をやる人間だ。トレードがどういうものか教えてやりたい」

川上監督は、監督として私が最も尊敬する人物だ。組織は、リーダーの力量以上に成長しない。だからリーダー自身が自分を磨かなくてはならない。川上監督が組織のリーダーとして、後進である長嶋を育てようとする度量の広さ、「人材育成」の意識に感服したものだ。

——『野球のコツ』

中国のことわざにこういうものがある。

財を遺すは下、仕事を遺すは中、人を遺すは上とする。

財産を残すより、もう一方で人を残せば業績《ぎょうせき》も財産もついてくるという意味だろう。業績を残すより、人を遺すことこそが、その人間の価値を決めるという意味であろう。プロ野球の監督も同じだ。どれだけ人材を育てたか——それこそが「真の名監督」であるか否かをはかる基準であり、最大の条件であると私は思うのである。

ただし、私のいう「人材を育てる」とは、たんに「野球選手として一人前にした」という意味だけではない。（中略）

「野球選手である前に、人間として一流」といえる人材を育成したかどうかが問われるのである。

その意味で、成績を残した監督が必ずしも名監督とはいえないし、たとえ成績的にそれほど実績を残していなくとも「名監督」と呼べる人はいると思うのだ。

——『あぁ、監督』

野村克也データ 4

監督時代の年度別成績

年度	球団	順位	試合	勝利	敗戦	引き分け
1970	南海	2位	130	69	57	4
1971	南海	4位	130	61	65	4
1972	南海	3位	130	65	61	4
1973	南海	**1位**	130	68	58	4
1974	南海	3位	130	59	55	16
1975	南海	5位	130	57	65	8
1976	南海	2位	130	71	56	3
1977	南海	2位	130	63	55	12
1990	ヤクルト	5位	130	58	72	0
1991	ヤクルト	3位	132	67	63	2
1992	ヤクルト	**1位**	131	69	61	1
1993	ヤクルト	**1位**※	132	80	50	2
1994	ヤクルト	4位	130	62	68	0
1995	ヤクルト	**1位**※	130	82	48	0
1996	ヤクルト	4位	130	61	69	0
1997	ヤクルト	**1位**※	137	83	52	2
1998	ヤクルト	4位	135	66	69	0
1999	阪神	6位	135	55	80	0
2000	阪神	6位	136	57	78	1
2001	阪神	6位	140	57	80	3
2006	楽天	6位	136	47	85	4
2007	楽天	4位	144	67	75	2
2008	楽天	5位	144	65	76	3
2009	楽天	2位	144	77	66	1
通算	24シーズン		3204	1565	1563	76

太字はリーグ優勝　※は日本シリーズ優勝

第5章

敵は我に在《あ》り

〈人間的成長論〉

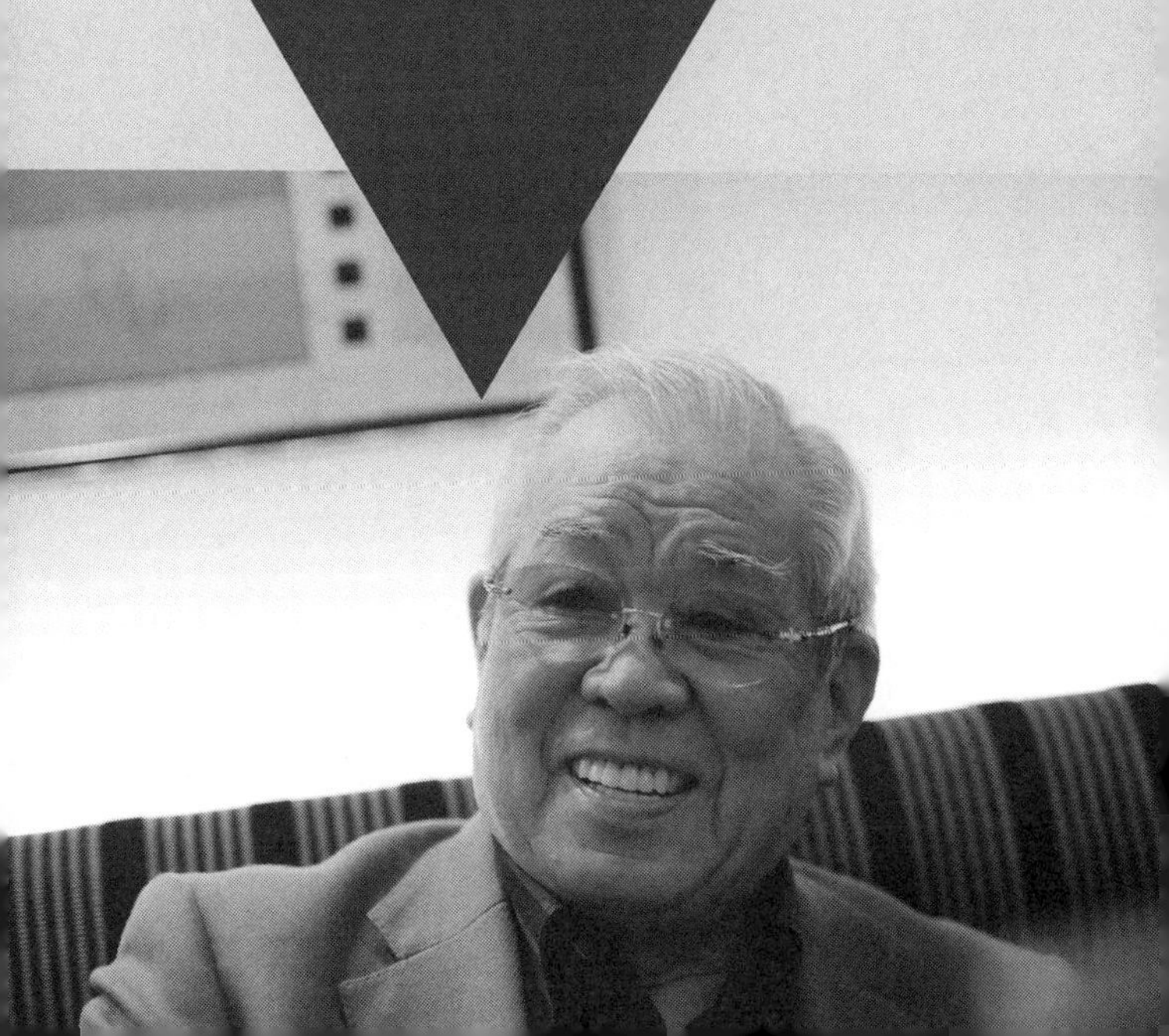

人生とは、つまるところ俗欲との戦い

「欲から入って、欲から離れろ」――選手たちによく語った言葉だ。たとえば、一点差で負けている試合の終盤、塁上に走者が二人いて自分に打順が回ってきたら、誰でもここで一発ヒットを打ってヒーローになりたいと思う。

勝負の場では、自信に満ちた攻撃的な気合が必要だ。だが、その「欲」は、打席に入り、バットを構えた瞬間に消し去らなければならない。さもなければ、無駄に力がバットに伝わり、凡打に終わってしまうことが多い。人間は「欲」がなければ人生を切り開くことはできない。しかし、プロフェッショナルとして生きていれば、その「欲」をきれいに消し去らねばならない場面が必ず訪れる。「欲」が先行すると、結局、自分が本当に目指しているものを手にすることはできないのだ。

――『野村の実践「論語」』

(プロ入り1年目のオフに) 一度はクビを宣告されたのだから、その後は開き直るしかない。

先輩や敵選手までも含めて、バッティングのコツから守備のコツまで聞きまくった。もっとうまくならなければ、素質がない自分はまたクビになる。そう思っていた。

だから、みんなが試合後に遊びに行く夜も、一人で寮の庭で素振りを続けた。毎晩毎晩、一升瓶に砂を詰めて、体を作るために筋トレを繰り返した。

そこからだった。

おもしろいことに、こうしてガムシャラに野球に打ち込んでいくと、「打ってレギュラーになる！」などという〝欲〟が薄れていくのを感じた。

余計なことに頭や心を奪われず、一球一球の勝負に一心不乱に向かうようになった。

すると、バッターボックスで緊張しなくなったのである。

――『「本当の才能」の引き出し方』

南海時代、鶴岡監督が私にいい忠告をくれたことがあった。

ある試合のとき、空振りする私を見て、「タイム！」といって鶴岡監督がわざわざバッターボックスまで歩いてきた。そして言うのである。

「お前な、打撃ってのは『ボールよう見て、スコーン！』だ」

最初は面食らった。プロの監督の指示が、「よう見て、スコーン」である。

しかし、考えてみたら正解だったのだ。

バッティングのコツを先輩に聞くと、口を揃えて「タイミングだ」と言う。

なるほど。しかし、実際にどうタイミングを取ればいいかはまったく見えてこない。もちろん、打ちたい気持ちは人一倍ある。いろんな邪念が渦巻いて、体が動かなくなっていたわけだ。

しかし、ボールをよくよく見ると、それが変わった。

意識してじーっとボールを見ると、不思議とタイミングが合ってくる。

じっと見たまま、踏み込む。腕を振る。打球が伸びる……。

要するに、本当に目の前のことに集中できていたら、欲など抱くヒマはなくなるのである。やるべきことを粛々《しゅくしゅく》とやらざるを得なくなるからだ。

もちろん、それは野球に限った話ではない。

目の前のやるべきことに集中できる。
そういう人間は、自ずと緊張せずに力を発揮する。
成果は自然にあとからついてくるのである。

――『「本当の才能」の引き出し方』

人を堕落させる3つの要素

野球に限らないだろうが、「一流」と呼ばれる人間は、100人に1人いたらいいほうだ。しかし、そんな才能ある人間も、多くは脱落していく。ダメになっていく。努力するよりもラクな道を選んで、成長しなくなるのだ。

私の知る野球の世界でいえば、堕落《だらく》の原因となるのが「酒、女、ギャンブル」の三つだ。

そして、意外かもしれないが、その三つのうち「酒」でダメになるという人間が、圧倒的に多かった。

理由は簡単だ。

女性に関しては相手の都合がある。ギャンブルはカネがいる。しかし、酒だけは24時間飲むことができる。タダ酒の機会もある。自制心がないと転がるように酒におぼれてしまう、という仕組みだ。

多少は遊んでも構わないだろう。しかし、酒は思っている以上に怖い。自制が利かないなら飲まないほうがいい。私はそう思い、現役時代を通して酒はやらなかった。

——『番狂わせの起こし方』

マイナス思考だからこそ勝負強くなれる

歯に衣着せない物言いをするからか、見た目がふてぶてしいからか。私のことを「大胆不敵」で「怖いものなどない」男だと勘ぐる人がいる。

大間違いだ。

私ほど気が小さい者はいないのではないかというくらいに小心者。そのうえ、超がつくほどのマイナス思考だ。

もともとの性格も当然ある。ただ、いちばんの理由はキャッチャーというポジションを続けてきたことにありそうだ。キャッチャーは誰よりも臆病にならざるをえない。危機管理こそが仕事であるからだ。
——『番狂わせの起こし方』

マイナス志向は〝勝負強さ〟につながる。というのも、自分を磨く機会を多く得られるからだ。

人は放っておくと過去の成功ばかりに目が行きがちだ。

成果を出したときを振り返り、ひとりニヤつき、どこかで「あの栄光を、もう一度！」と願う。それを表に出すかどうかはともかく、誰もが経験することだ。

ここに罠がある。

私はよく、「勝ちに不思議の勝ちあり。負けに不思議の負けなし」というが、勝負事に関する勝利は、時に運が作用する。

対戦する打者が調子を崩していたり、味方の投手が絶好調で、運良く勝つこともある。しかし、負けるときは違う。必ず自分たちに理由がある。

だから成功を振り返り「これがよかった」と分析するより、失敗に対して「なぜ、うまくいかなかったのか？」と考えるほうが意義がある。そうすることで「どこを、どう直せば強くなれるか」という成長のヒントを得られるのだ。

――『番狂わせの起こし方』

弱さを自覚することの強さ

「敗北力」を私なりに解釈すれば、こういうことになる。

「つねに最悪の状況を想定し、そういう事態に陥らないためにはどうすべきか、仮にそうなったときにはどうするかを考えておくとともに、失敗したり、敗北したりしたとしても、そこから学んで、次につなげる力」

そして、この力はマイナス思考だからこそ、すなわち自分が弱いことを自覚し、受け入れているからこそ、身につけることができる――そう思うのだ。

――『なにもできない夫が、妻を亡くしたら』

「功は人に譲る」

バッテリーで大切なのは信頼関係である。キャッチャーを全面的に信頼してこそ、ピッチャーは全力投球できる。自分のピッチングに専念できる。ピッチャーにはよく言ったものだ。

「おれを信じて投げてこい。おれがミットを構えたら、バッターから目を離せ。長嶋が来ようが、王が来ようが、〝ここに投げる〟と決めたら、それだけに集中して投げればいい。結果は考えるな。打たれたら責任はおれがとってやる」

（中略）

キャッチャーがサインを出さなければ、試合ははじまらない。しかし、ピッチャーは「おれが投げなきゃはじまらない」と思っている。それで一度誰かと議論になったことがあるが、結論は出なかった。いずれにせよ、ピッチャーからキャッチャーに対する感謝はまずない。腹は立つ。立つけれども、キャッチャーは我慢しなければならない。グッと呑み込まなければならない。

「功は人に譲る」

それができない人間は、名捕手にはなれない。

——『野村の遺言』

チームのために仕事をするとは？

「誰かに支えられて生きている」

野球エリートではなかっただけに、私には常にそうした意識が野球をしている間、ずっとあった。

チームメイト。コーチや裏方のスタッフ。応援してくれるファン……。

「大勢の人が自分を支えてくれている」と認識していると、粘りが違ってきた。ここ一番の勝負どころで、もうひと踏ん張りできる。自分の名誉や成績だけしか見ていない人間は、このひと踏ん張りが出ない。逆に気負って空回りする。

たとえば、私は現役時代、657本のホームランを打った。

それなりの個人記録だ。

しかし、ホームランを狙って重ねてきた数字ではない。「俺が俺が」とホームランを狙って打席に立つと、バッターというのは必ず力み、読みもフォームもおかしくなるものだ。チームのため、勝利のために「確実にヒットを打とう」と考えるから、全神経をピッチャーの投げる球に集中できた。ムダに力むことなくバットを振れた。

それがホームランにつながり、結果的にチームに勝利を引き寄せたのだと感じている。「個の成績がチームに対する貢献になる」という考え方がある。逆だ。「チームの勝利を目指しておのおのが取り組んだ結果が、個の成績になる」のだ。

だから、監督になってからも、私は選手たちに「チームのために戦え」「他人への感謝の気持ちを忘れるな」と常にいってきた。

この二つは同じ意味だ。力を出し切り、成果を出し続けるためのモチベーションの火を灯《とも》し続けろということだ。

多くの仕事が同じだと思う。自分のことだけを考えて仕事をする者は長く続かない。人ひとりの力は、それほど強くない。

——『番狂わせの起こし方』

人に感謝できる人間はなぜ強いのか

チームを支えているのは、選手だけとは限らない。いわゆる「裏方さん」と言われる人たちの手こそ、大いに借りなければ優れた結果など出せないことも心にとどめておきたい。

私はヤクルトでも阪神でも、社会人野球のシダックスでも楽天でも、選手たちには「裏方さんへの感謝を忘れるな」と口を酸っぱくして言ってきた。

裏方さんとは、バッティングピッチャーやブルペンキャッチャー、トレーナーなどのことである。

バッティングピッチャーが練習で生きた球を投げてくれるから、バッターは試合で思う存分に力を発揮できる。

ブルペンキャッチャーが投手の肩を温めて気分を乗せてくれるから、リリーフピッチャーは試合途中からでも意気揚々とマウンドに立てる。

そして、日々トレーナーがマッサージや筋力トレーニングをアシストしてくれるからケガを回避でき、選手寿命を延ばすことができるのである。

こうした裏方さんの献身や貢献に野球選手は支えられている。

だからこそ、「お疲れさまです」「助かります」とひと声かけることがいかに大事か――。

人は評価によって動く。

裏方さんにひと声をかけることは、彼らの仕事をしっかり見て、価値を認めていると伝えることになる。そしてそんな評価があるからこそ、裏方さんも「がんばろう！」と気合いを入れて仕事に励んでくれるわけだ。

どんな世界でも、スポットライトの当たりやすい表舞台に立つ花形の仕事と、アシスト的な役割を担う仕事があるものだ。

表舞台に立てば、よくも悪くも評価を感じやすい。

だからこそ、陰でしっかり土台を支えてくれる裏方さんたちを常によく見て、声をかけ、力を認めてあげることが、チームの総合力を上げるために不可欠なのである。

――『「本当の才能」の引き出し方』

振り返ってみると、私がことさら裏方さんを気遣い、意識して声をかけるようになったのは、幼少期の経験が関係しているのかもしれない。

私は3歳のとき、父親を日中戦争で亡くした。

母親は私が小学生のときに二度、ガンを患った。

だから、子どもの頃から兄貴とともに私も働くしかなかった。

小学校4年のときに終戦を迎えたが、その直後から小学生ながらアルバイトの日々を過ごした。新聞配達や農家の手伝い、夏にはアイスキャンディーを自転車で売り歩いたりしたものだ。

とくにアイスキャンディー売りには思い出が多い。

1本5円。

売れるたびに私には1円のバイト料が出た。当時としては結構な金額だ。しかし、そんなに売れないし、まごまごしていると溶けてしまうので大変だった。

そんなときに、近所の顔見知りのおばちゃんたちが「克っちゃんは偉いね」「暑い中、大変だね」などと声をかけてくれながら、アイスキャンディーを何本も買ってくれた。

実のところ、アイスキャンディーが欲しいのではなく、私たち兄弟を気遣って買ってくれたのだと思う。そんなさりげないひと言が、そして心遣いがうれしくてたまらなかった。つらくても、貧しくても、「がんばろう！」と思えた。

いろんな人に支えられて自分がいるという実感が骨身に染みた。

だからこそ、プロ野球選手になってもおごることなく周囲の支えに感謝すること、声をかけることが当然のことに思えたのだ。

――『「本当の才能」の引き出し方』

3つ上の兄は私と違って成績優秀。オール5の秀才だった。その兄が母親にいってくれた。

「私は大学に行かずに就職する。克也を高校に行かせてやってくれ」

嬉しかった。兄のおかげで母は折れ、私を高校に行かせてくれた。プロ野球選手への道は閉ざされずにすんだわけだ。

進学した峰山高校で支えてくれたのは、（野球部の部長の）清水義一先生だ。

当時の野球部は部員が少ないうえに不良も多く、「廃部」への流れが校内にあったのだが、

（中略）清水先生は野球部存続に力を貸してくれた。

だからといって、我が野球部がいい成績を残せたわけではない。甲子園に出られるようなチームではなく、スカウトなんて来るはずがない。

そんなとき、当時も続けていた新聞配達で偶然見かけたのが「南海ホークス新人募集」の広告だった。このときの大阪までの汽車賃も清水先生が出してくれた。「お前ならいけるかもしれん。汽車賃？　心配すんな！」とカネを貸してくれたからだ。

（中略）

その後も私を一軍キャンプに推薦してくれたキャッチャー出身の松本勇二軍監督。スランプだった私に、相手ピッチャーの球種やコースをデータにして渡してくれたスコアラーの尾張久次さん。

何かと私の打ち立てる記録を更新し、気持ちに火をつけた王貞治——。

〝野球選手になって成功する〟夢を現実にできたのは、他でもない、周囲の人に恵まれたおかげなのだ。

人はひとりでは何もなし得ることができない。

しかし、自らを信じて、信念を持って続けていれば、必ず誰かが支えてくれると私は信じている。

――『番狂わせの起こし方』

一流選手はみな親孝行

私は、一流選手にはひとつの共通点があると思っていて、それは「親孝行」であることだ。時代的なこともあるかもしれないが、考えてみれば王も長嶋も皆親孝行。Ｖ９巨人の川上監督が巨人の若い選手を見て、「この子は間違いなく良くなる」と言う。なぜかと聞くと、「親を大事にして、親孝行だから」と。なるほどと思ったし、その言葉だけは今も鮮明に覚えている。

ともかく人に感謝する気持ちを持たない選手はまず一流になることはできないだろう。ましてや親への感謝は基礎の基礎、第一歩だ。

自分を生んでくれ育ててくれた親やお世話になった人に対して、感謝の心を持てば、やはり、何とかして恩返しをしたい、成長した自分を見てほしいと考えるのが、人間だろう。

野球選手なら、少しでもいい成績をあげ、チームに貢献したいと強く願うはずだ。そうなるためには、つらい努力も必要だ。「感謝」がその努力を乗り越える力になってくれるのである。

――『弱者の流儀』

信は万物の基を成す

読者の皆さんに後輩や部下がいるなら、この格言を贈りたい。「信《しん》は万物《ばんぶつ》の基《もと》を成《な》す」と。信頼、自信、信用。まさに信は万物の基を成している。これがなければ、組織は機能しない。では、どうしたら信を得ることができるのか。プロ野球の世界で言えば、監督はつねに選手より一歩先を進み、上をいっていること。誰よりも野球について考え抜かなければならない。

その積み重ねが、信頼、自信、信用に通じる。組織はリーダーの力量以上の力は発揮しない。だからこそ上司はつねに努力をし、変わらなければならない。「今のままでもできているのに」という思いがあると、仕事の仕方を変えるのは怖い。でも、進歩というのは変わることだからね。そのためには努力することだ。努力は裏切らないと多くの人が知っている。だけどやる人は少ない。努力に即効性はないが、２年後、３年後に必ず大きな差となって現れてくる。成功したいなら、まずはあなた自身が進歩し続けることだよ。

――『ＢＩＧｔｏｍｏｒｒｏｗ』２０１４年１月号

これまで監督業を二十四年間任されてきましたが、私の人生で、ヤクルトの九年間が一番楽しかった。なぜなら、相手との〝信頼〟があったからです。そこで得た一番の財産は当時の球団社長の相馬和夫さん。ヤクルトはとても家族主義である一方で「よそ者は入れるな」という雰囲気がありました。相馬さんが私を監督に推薦したときヤクルトの役員全員が反対したようですが、「失敗したら野村監督と一緒に私も辞めます」とおっしゃってくれたそうです。それを聞いて大きく心が揺さぶられました。野球が団体競技である以上、信頼、信用、自信は必要不可欠な要素。首脳陣と選手が信頼関係で結びついてなければ、なにかを成し遂げることはできない。それがヤクルト監督生活で得た哲学です。

――『週刊文春』２０１５年６月４日号

相馬さんは、「来年、即優勝など期待しない。『石の上にも3年、風雪5年』。3〜5年かけて優勝争いできるチームに作り上げてください」とも言ってくれた。私のような人間を監督に選び、しかも長期にわたってチームを任せるという覚悟を伝えてくれたのだ。

絶対にその思いに報いたい——。

心からそう思った。

——『「本当の才能」の引き出し方』

私が監督になった1年目、ヤクルトは前年と同じ5位。あとから聞いた話だが、「去年と変わらないじゃないか」と他の役員からいろいろいわれたらしい。

しかし、「野村さんは必ずやる」「3年見てほしい」と周囲を説得し、交渉してくれた結果（3年目でリーグ優勝）が実ったのだ。

——『番狂わせの起こし方』

味方は１人いればいい

私は「自分を理解してくれる人間は、１人いればいい」と考えている。自分自身のことをわかってくれる人が、１人でもいれば、胸を張って自分らしい人生を生きていける。

たとえば、ヤクルトでは、相馬和夫球団社長が「あなたの野球を選手たちに叩き込んでいただきたい」と全面協力を約束してくれた。

また南海では、どんなときにも結果だけでしか見ない鶴岡一人監督よりも、しっかりした野球理論で監督を支えていた、蔭山和夫《かげやまかずお》ヘッドコーチが味方になってくれた。私が配球で監督に怒られたりすると、蔭山さんが「俺が責任を持つから、おまえの好きなようにやれ」「おまえの配球は、１つも悪いことはない。俺はお前を信頼している」などと慰《なぐさ》め、励ましてくれた。

（中略）

誰か1人が、自分のことを理解してくれていると知ることができたなら、人間は勇気を持って行動できる。

――『人生に打ち勝つ　野村のボヤキ』

妻・野村沙知代は人生最大の恩人

あれは南海に入団する直前のことだった。

高校の先生に連れられて、大阪の「よく当たる」と噂だった占い師に占ってもらったことがあった。

「あなたの名前はイマイチだが、生年月日と生まれた時間が最高によい。野球選手としてうまくいくはず。ただし……」と続けて、その占い師にこういわれた。

「あなたは女性で必ず失敗する！」

――『番狂わせの起こし方』

当時、東京に試合に行くと、後楽園球場に行く前に青山の「皇家飯店」という中華料理店で食事をするのが私の定番だった。ここのフカヒレそばがじつにうまかった。

ある日、そばをすすっていると現れたのが、沙知代だった。

（中略）

そして紹介されたのだが、彼女の名刺には「取締役社長・伊東沙知代」と刷ってあって、まず度肝を抜かれた。しかもしゃべると頭の回転が速い。英語もペラペラと話していた。「私にないものをたくさん持っている。こんな女性なら引っ張ってもらえるに違いない」と魅かれた。

私は野球ではキャッチャーでピッチャーをリードする立場だったが、プライベートではリードしてもらいたかったところがあった。

ただし、沙知代は野球をまったく知らず、当時小学生だった彼女の息子（ダン野村）に電話し始めた。「野球の野村さんって知ってる？」と聞くと、「すごい人だよ！」とダンは答えたらしい。

席に戻った沙知代の態度が、ついさっきとまったく変わった。

こうして付き合うようになったが、まだ私は正式に前妻と離婚していなかった。だから、世間にバレて強烈に叩かれた。

当時、南海でプレーイングマネジャーをしていたのだが、球団に呼び出されて、「野球と女性のどちらを取るのか」と迫られた。そのとき、私はいった。

「仕事はいくらでもあるけれど、伊東沙知代という女は世界にひとりしかいない」

それで南海をクビになった。

――『番狂わせの起こし方』

「サッチーを取る」と南海球団にタンカは切ったものの、その後のアテはまったくなかった。大阪を離れて東京に行くことにしたのだが、その車中、沙知代に「これから何をして生きていこうか」と聞いたら、あっけらかんと、こう言われた。

「なんとかなるわよ」

――インタビューほか

私は生来の不安性で、ふとした瞬間に弱気の虫が顔を出す。そんなとき、平然とした顔で「なんとかなるわよ」と励ましてくれる彼女に救われた回数は、数限りない。

悪妻かどうかは、周囲ではなく、夫である私が決めること。何度聞かれても、私は断言できる。

「サッチーは、これ以上ない最良の妻であり、私にとっての最高のラッキーガールだった」

と。

――『週刊現代』2018年11月10日号

「なんとかなるわよ」

これは亡き妻である沙知代の口癖であり、「なんとかなるわよ」が「大丈夫よ」に変わることもあったが、いずれにせよ、その根底にあったのは圧倒的なプラス思考だった。

私が極度のマイナス思考の人間なので、近くにいて、なおさらそう感じたのかもしれない。ただ、どんなときも「地球は自分中心に回っている」というぐらいの姿勢で、弱気なところは一切見せず、前を向いて我が道を突き進んでいく。あれほどまでにプラス思考の人間を、私は見たことがない。

ピッチャーはプラス思考、キャッチャーはマイナス思考であるべきというのが私の持論だが、沙知代は間違いなくピッチャータイプだった。野球をしていたら、良いピッチャーになっていたかもしれない。そう考えると、私はグラウンドでもキャッチャー、家に帰ってもキャッチャーを務めていたというわけだ。

――『野村の哲学ノート「なんとかなるわよ」』

夫婦というものは、二〇代は夢中のうちに終わり、三〇代は子育て、四〇代は我慢、五〇代はあきらめ。六〇代からがほんとうの夫婦――そう思ったのだ。

だから、彼女が（法人税法違反（脱税）などの疑いで）勾留されていたとき、克則とも話した。

「極悪人のように言われ、逮捕までされた母さんを守ってやれるのはおれたちだけだぞ」

どんな目に遭わされようと別れるつもりはなかった。

――『なにもできない夫が、妻を亡くしたら』

結果として、その後の人生をうまくリードしてくれたのは、間違いなく彼女だった。

（中略）

いまだから本当のことをいえる。あの占い師は間違っていた。

私は野村沙知代というかけがえのない女性と出会えた。それは紛れもない成功だった。

――『番狂わせの起こし方』

老いてこそオシャレをせよ

私は自宅に専用の衣装部屋を持つほど、着道楽《きどうらく》だ。酒を飲まないし博打《ばくち》もしない。カネを使う場所といえば、服や時計くらいしかないというのが理由の一つ。

加えて、顔もハンサムじゃない（苦笑）。着るものくらいかっこつけんと女性が相手にしてくれない、というわけだ。

――『番狂わせの起こし方』

老人に関してよくいわれるのが、不潔だということである。仮にそれを認めるとすれば、おそらくは周囲への無関心が、己の身だしなみに対する意識を低下させているのかもしれない。

そこで提案なのだが、年をとったら、なおさらオシャレを楽しむように心がけてはいかがだろうか。

オシャレといっても、大げさなものではない。要は、清潔感である。清潔感こそ、老年になってからモテるための必須条件である。

オシャレに関して私が実践しているのは、散髪にはひんぱんに出掛けるようにしていることである。また、着るものは自分なりに整理している。靴下は色別に分けているし、シャツなどはコットンやシルクといった素材別に分けている。トランクスに関しては、体型の問題で、既製品ではなく、オーダーで誂《あつら》えている。靴は既製品だが、自分で選ぶようにしている。

――『老いの可能性』

私の元気の秘訣

今のぼくは〝カメの健康法〟。〝鶴は千年、亀は万年〟ということばがあるように、カメは動物のなかでも長寿だそうですが、どちらもじっとしていることが多い。カメやワニは、適当にうまいものを食べて、じっとしているから健康なんでしょう。ぼくはカメを見習っています。

――『国際商業』2008年4月号

この年齢になっても私が体力や気力を維持し続けられている理由は、食よりも「睡眠」かもしれない。

現役時代からナイターが多かったから、いまも昼夜逆転しているが、昔もいまも一日8〜10時間は寝ている。年寄りは眠れなくなるというが、私はいまもそれだけ寝ている。カメ理論だ。動物の中でも、ワニやカメのようなジーッとしている動物ほど長生きなのだ。だから、私はしぶといのかもしれない。

――『番狂わせの起こし方』

私は昔も今も処世術というものがない。思ったことをそのまま言う。どんな相手に対してもそうだ。相手が偉い人だろうが、敵だろうが味方だろうが、言いたいことを言ってしまう。

「ここは黙っておいたほうがいい」とか「これをはっきり言ってしまったら相手が気を悪くするんじゃないか」「こんなことをズバッと言ったらこっちが損をするんじゃないか」ということを考えて言葉を濁したり押し黙ったりということが、まったくできない。

そのおかげで敵を作ったり損をしたりすることも多々あるが、そのかわり、言いたいことを言ってきたのでお腹の中にヘンなものがたまるということがない。だから私にはストレスというものが一切ない。

「あなたのストレス解消法は何ですか」という定番の質問に対する私の答えは「今までストレスを感じたことは一度もありません」ということだ。強いてストレス解消法を挙げるとするならば、「言いたいことを言うこと」ということになるだろう。つまり、ボヤくことこそ私のストレス解消法であり、健康の秘訣なのかもしれない。――『なぜか結果を出す人の理由』

（了）

野村克也データ 5

通算監督勝利数ランキング

順位	監督名	通算監督年数	通算試合	勝敗	優勝回数（日本シリーズ優勝回数）	監督した球団
1位	鶴岡一人	23年	2994	1773勝 1140敗 81分	11回 （2回）	南海
2位	三原脩	26年	3248	1687勝 1453敗 108分	6回 （4回）	巨人、西鉄、大洋、近鉄
3位	藤本定義	29年	3200	1657勝 1450敗 93分	9回 （0回）	巨人、大映、阪急、阪神ほか
4位	水原茂	21年	2782	1586勝 1123敗 73分	9回 （5回）	巨人、東映、中日
5位	**野村克也**	24年	3204	1565勝 1563敗 76分	5回 （3回）	南海、ヤクルト、阪神、楽天
6位	西本幸雄	20年	2665	1384勝 1163敗 118分	8回 （0回）	大毎、阪急、近鉄
7位	上田利治	20年	2574	1322勝 1136敗 116分	5回 （3回）	阪急・オリックス、日ハム
8位	王貞治	19年	2507	1315勝 1118敗 74分	4回 （2回）	巨人、ダイエー・ソフトバンク
9位	別当薫	20年	2497	1237勝 1156敗 104分	0回 （0回）	毎日・大毎、近鉄、大洋、広島
10位	星野仙一	17年	2277	1181勝 1043敗 53分	4回 （1回）	中日、阪神、楽天
11位	川上哲治	14年	1866	1066勝 739敗 61分	11回 （11回）	巨人
12位	長嶋茂雄	15年	1982	1034勝 889敗 59分	5回 （2回）	巨人

野村克也データ 6

平成通算監督勝利数ランキング

順位	監督名	勝利数
1位	**野村克也**	**1053**
2位	星野仙一	1034
3位	王貞治	968
4位	原辰徳	963
5位	仰木彬	914

企画協力／ＫＤＮスポーツジャパン
写真／産経新聞社（第１、２、４章の扉）
アマナイメージス（第３、５章の扉）
本文デザイン＆ＤＴＰ／クリエイティブ・コンセプト

出典書籍・雑誌一覧

※本書でご興味を持たれましたら、出典をお読みいただくことをお勧めします。

（書籍）

『無形の力』日本経済新聞出版社
『私の教え子ベストナイン』光文社新書
『なぜか結果を出す人の理由』集英社新書
『私のプロ野球80年史』小学館
『理は変革の中に在り』ＫＫベストセラーズ
『野村の哲学ノート「なんとかなるわよ」』ＫＫベストセラーズ
『野村の悟り』セブン＆アイ出版
『野村の遺言』小学館
『再生力』（田原総一朗氏との共著）イースト・プレス
『野村再生工場』角川ｏｎｅテーマ21
『私が選ぶ名監督10人』光文社新書
『野村のイチロー論』幻冬舎

『理想の野球』ＰＨＰ新書
『私が見た最高の選手、最低の選手』東邦出版
『野村克也　野球論集成』徳間書店
『野生の教育論』ダイヤモンド社
『野村克也からの手紙』ベースボール・マガジン社
『野球のコツ』竹書房新書
『そなえ』大和書房
『リーダーのための「人を見抜く」力』詩想社新書
『ノムダス　勝者の資格』ニッポン放送
『師弟』（宮本慎也氏との共著）講談社
『野村メモ』日本実業出版社
『一流のリーダーになる野村の言葉』新星出版社
『負けかたの極意』講談社
『短期決戦の勝ち方』祥伝社新書
『憎まれ役』（野中広務氏との共著）文藝春秋
『老いの可能性』海竜社

『暗黒の巨人軍論』角川新書
『由伸・巨人と金本・阪神　崩壊の内幕』宝島社新書
『あぁ、監督』角川oneテーマ21
『弱者の流儀』ポプラ社
『人生に打ち勝つ　野村のボヤキ』三笠書房
『野村の実践「論語」』小学館
『なにもできない夫が、妻を亡くしたら』PHP新書
『私が選んだプロ野球10大「名プレー」』青春新書インテリジェンス
『「本当の才能」の引き出し方』青春新書インテリジェンス
『番狂わせの起こし方』青春新書インテリジェンス

〈雑誌〉

『週刊現代』2015年4月18日号・講談社
『週刊現代』2018年11月10日号・講談社
『BIGMAN』1988年10月号・世界文化社
『Number』2004年2月号・文藝春秋

『本の窓』２０１６年８月号・小学館
『ＦＲＩＤＡＹ』２０１３年６月14日号・講談社
『週刊大衆』２０１９年６月10日号・双葉社
『週刊大衆』２０１９年６月17日号・双葉社
『ＦＬＡＳＨ』２０１４年６月３日号・光文社
『ＳＡＰＩＯ』２０１３年１月・小学館
『Ｖｏｉｃｅ』２００９年２月号（二宮清純氏との対談）・ＰＨＰ研究所
『ＰＲＥＳＩＤＥＮＴ』２０１０年11月１日「野村克也 vs 飯島勲」・プレジデント社
『週刊文春』２０１５年６月４日号・文藝春秋
『国際商業』２００８年４月号・国際商業出版
『ＢＩＧｔｏｍｏｒｒｏｗ』２０１４年１月号・青春出版社

青春新書
INTELLIGENCE

こころ涌き立つ「知」の冒険

いまを生きる

"青春新書"は昭和三一年に――若い日に常にあなたの心の友として、その糧となり実になる多様な知恵が、生きる指標として勇気と力になり、すぐに役立つ――をモットーに創刊された。

そして昭和三八年、新しい時代の気運の中で、新書"プレイブックス"にその役目のバトンを渡した。「人生を自由自在に活動《プレイ》する」のキャッチコピーのもと――すべてのうっ積を吹きとばし、自由闊達な活動力を培養し、勇気と自信を生み出す最も楽しいシリーズ――となった。

いまや、私たちはバブル経済崩壊後の混沌とした価値観のただ中にいる。その価値観は常に未曾有の変貌を見せ、社会は少子高齢化し、地球規模の環境問題等は解決の兆しを見せない。私たちはあらゆる不安と懐疑に対峙している。

本シリーズ"青春新書インテリジェンス"はまさに、この時代の欲求によってプレイブックスから分化・刊行された。それは即ち、「心の中に自らの青春の輝きを失わない旺盛な知力、活力への欲求」に他ならない。応えるべきキャッチコピーは「こころ涌き立つ"知"の冒険」である。

予測のつかない時代にあって、一人ひとりの足元を照らし出すシリーズでありたいと願う。青春出版社は本年創業五〇周年を迎えた。これはひとえに長年に亘る多くの読者の熱いご支持の賜物である。社員一同深く感謝し、より一層世の中に希望と勇気の明るい光を放つ書籍を出版すべく、鋭意志すものである。

平成一七年

刊行者　小澤源太郎

著者紹介

野村克也〈のむら　かつや〉

1935年京都府生まれ。京都府立峰山高校卒業後、54年にテスト生として南海ホークスに入団。球界を代表する捕手として、戦後初の三冠王、歴代2位の通算657本塁打など数々の大記録を打ち立てる。70年より選手兼監督。その後、ロッテ、西武と移り80年に現役引退。90年にはヤクルトの監督に就任、9年連続Bクラスだったチームを、4度のリーグ優勝、3度の日本一に導く。その後、阪神、楽天等で監督を歴任。現在は野球評論家として活躍中。

おもな著書に『私が選んだ　プロ野球10大「名プレー」』『「本当の才能」の引き出し方』『番狂わせの起こし方』(いずれも小社刊)、『野村ノート』(小学館)、『野村のイチロー論』(幻冬舎)、『野村再生工場』(KADOKAWA)ほか多数。

野球《やきゅう》と人生《じんせい》

最後《さいご》に笑《わら》う「努力《どりょく》」の極意《ごくい》

青春新書
INTELLIGENCE

2019年11月15日　第1刷
2020年3月30日　第4刷

著　者　野《の》村《むら》克《かつ》也《や》

発行者　小澤源太郎

責任編集　株式会社プライム涌光

電話　編集部　03(3203)2850

発行所　東京都新宿区若松町12番1号 〒162-0056　株式会社青春出版社

電話　営業部　03(3207)1916　振替番号　00190-7-98602

印刷・中央精版印刷　製本・ナショナル製本

ISBN978-4-413-04584-1